UN PERSONNAGE D'AVENTURE

CHANTAL DELSOL

UN PERSONNAGE D'AVENTURE

Petite philosophie de l'enfance

LES ÉDITIONS DU CERF

www.editionsducerf.fr
24, rue des Tanneries
75013 Paris

ISBN 978-2-204-12111-8

Par certains de ses traits, *l'enfance dure toute la vie.* Elle revient animer de larges secteurs de la vie adulte. D'abord, l'enfance ne quitte jamais ses gîtes nocturnes. En nous, un enfant vient parfois veiller dans notre sommeil. Mais, dans la vie éveillée elle-même, quand la rêverie travaille sur notre histoire, l'enfance qui est en nous nous apporte son bienfait. Il faut vivre, il est parfois très bon de vivre avec l'enfant qu'on a été. On en reçoit une conscience de racine. Tout l'arbre de l'être s'en réconforte.

GASTON BACHELARD,
La Poétique de la rêverie.

Introduction

L'enfant indique l'adulte à venir et le préfigure. Il est un chemin. Non pas encore une personne entière, capable de prendre des décisions et de les assumer. Tout cela, la psychologie le dit, et la biologie. L'enfant est indigent et démuni, accablé de forces qui l'écrasent, et ne survit que de soin et d'amour. Sa loi est celle du grandissement. Il est élan et projet.

Mais surtout, la situation de l'enfant dans le monde raconte singulièrement, et même avec précision, la situation de l'humanité. L'enfant exprime et traduit l'humanité davantage que l'adulte, parce qu'il se trouve à la source et n'a pas eu encore le temps de corriger, d'altérer, de dissimuler. Il reçoit le choc de la condition humaine pour ainsi dire de plein fouet, sans moyen encore d'y répondre par toutes sortes de procédures ou d'échappatoires. Dans son incomplétude même, l'enfant raconte la vérité humaine, cette vérité que trop souvent l'adulte cherche à éteindre ou à oublier. La situation de l'adulte consiste, elle, en une sorte de déguisement, propre à travestir la condition humaine essentiellement dépourvue. La caractéristique de l'adulte est de chercher à se hisser, la maturité consiste en une prise de possession du monde, et d'ailleurs aussi de soi. En dépit de la grandeur des apparences, l'adulte demeure en tant qu'humain un être incomplet et même indigent, et c'est bien la raison de ses combats. La faiblesse dans laquelle nous nous trouvons devant le monde et devant notre propre destin, nous la faisons reculer sans cesse par la science et la croyance. La coulée des siècles n'est qu'une lutte ininterrompue face à notre dénuement. Si bien que l'homme, et surtout l'homme occidental, prométhéen, croit finalement tout savoir alors qu'il demeure, au regard des immenses continents du réel, profondément ignorant. L'expérience précoce et radicale de la vulnérabilité, en général ne le rend pas humble. Une fois adulte, il ne pense qu'à devenir tout-puissant...

L'enfant connaît cette indigence et la vit au jour le jour, il l'accueille avec toutes les ressources de son être. Il est humble avant d'être soi. Il faudra attendre les dernières années de la vie pour que l'adulte retrouve la vérité de son dénuement. Lorsqu'avec l'âge tous ses vêtements tombent les uns après les autres – la raison sociale, la réalisation, la réputation – alors il redevient l'humain dépouillé qu'au fond, il n'a jamais cessé d'être. Non pas que les œuvres de l'adulte soient superfétatoires ni illusoires, puisqu'elles réalisent un humain encore dans l'œuf, et lui confèrent, donc, sa vérité d'être. Mais les œuvres de l'adulte ont tendance à masquer une vérité encore plus profonde et définitivement, plus réelle encore : celle de la condition d'un humain dépouillé, marqué par l'incomplétude et tronqué. Il n'y a que l'enfant ou le vieillard pour se trouver confronté si profondément avec la condition de l'homme, pour éprouver ce sentiment d'abandon, l'insondable déréliction fichée au cœur, ce sentiment de délaissement vide de sens, quêtant constamment les raisons et l'espoir. À cet égard, l'enfance désigne notre destin.

Cette déréliction vécue, mais altière parce que constamment portée par l'amour, traduit et raconte l'enfance.

La détresse et l'amour

L'arrivée au monde d'un individu nouveau est un grand mystère. Surgit de la nature un être qui provient d'elle et pourtant lui est irréductible. Chaque naissance est un événement, au sens de ce que les causalités physiques, biologiques, historiques, et autres, ne peuvent complètement prévoir. L'enfant n'est pas une conséquence ni un résultat de causes calculables. Il « vient au monde », non pas comme un Martien – il a des parents, il a des gènes – mais comme un être intrinsèquement différent et à la figure toujours inattendue.

La venue au monde de l'individu traduit aussitôt sa faiblesse : surgi de la nature inépuisable, séparé d'elle comme individu, il est mortel, car il ne possède pas en lui l'abondance indéfinie de la totalité d'où il vient. Il est doté d'une énergie vouée à s'épuiser et à se tarir. Il retournera ainsi à la nature originelle. C'est l'individualité qui contient la finitude et la mort.

« L'enfant est pauvre et vient du néant », écrit Montessori[1]. On comprend l'image de ce « néant ». En venant au monde, l'enfant porte des besoins immenses, sans aucune ressource pour les satisfaire par lui-même. Il attend tout de l'extérieur, et sinon se trouve laissé à la mort. Cette extrême pauvreté, s'ajoutant au besoin et aussi à la soif de vivre, suscite une dépendance totale. Le nourrisson est entièrement livré, entièrement remis, abandonné à ceux qui voudront bien le faire vivre. Freud parle de l'*état de détresse*, situation génératrice de tension et d'angoisse. Mais plus profondément, l'enfant connaît la situation existentielle de vulnérabilité. Il sait ce que c'est que de *dépendre*.

Contrairement aux animaux, l'humain naît incapable de se suffire et demeure très longtemps incomplet. Il ne faut pas croire que les petits mammifères, parce qu'on les voit marcher aussitôt sortis du ventre de leur mère, ne s'instruisent pas de leurs parents. Ils connaissent bien quelque chose comme un apprentissage, selon les espèces. Et néanmoins, hormis le fait de leur petite taille qui nous les fait paraître aussi émouvants que les petits d'hommes, ils n'ont ni enfance ni ado-

1. M. MONTESSORI, *L'Enfant*, Paris, DDB, 2006, p. 55.

lescence. Le phénomène appelé néoténie humaine traduit un inachèvement spécifique. Contrairement aux autres espèces, l'homme est un prématuré. Incomplet, lacunaire, non fini. L'enfance raconte cette attente de l'achèvement.

Mais comment cela va-t-il s'accomplir ? Le petit d'homme est pris en charge et entièrement assisté pendant une longue période. Il ne peut rien faire seul sans risquer sa vie. Si tant d'humains adultes ont arpenté la terre, c'est que pour chacun d'eux s'est déployée une très grande sollicitude. On en déduira que, contrairement à ce que dit Heidegger, l'humain n'est pas « jeté dans le monde », car il y mourrait bien vite. Il est bien plutôt accueilli dans le monde, abrité, protégé, défendu. Cela s'appelle l'amour. Au moins si l'on entend bien par là, non pas la possession en vue de soi, mais l'attention à l'autre. L'adulte n'existe que parce que, comme enfant, il a été aimé – autrement dit : parce qu'on a pris soin de lui de façon gratuite et désintéressé, juste parce que c'était lui ; parce qu'on l'a regardé, lui si faible et indigent, comme un être considérable, un être qui importe, et qui ne doit pas mourir.

Quel est donc cet amour ? Freud l'a inscrit dans la psychologie : l'état de détresse de l'enfant et la situation de danger dans laquelle il se trouve, « crée le besoin d'être aimé, qui n'abandonnera plus l'être humain[1] ». On peut en effet réduire l'amour même, ou tout autre sentiment, à sa traduction matérialiste et désymbolisée, à sa description élémentaire et matérielle, comme Marc-Aurèle quand il disait : « Ce que tu manges n'est rien d'autre qu'un cadavre de poisson, et l'accouplement n'est qu'un spasme[2]. » Ce serait pourtant une terrible contradiction dans la culture qui porte au pinacle la dignité individuelle. Celle-ci exige que nous soyons des êtres de symbole, distincts des animaux, et que nous prêtions à nos sentiments et à nos actes, aussi une signification spirituelle. L'enfant n'a pas besoin d'amour seulement parce qu'il manque de nourriture et de soins. Mais parce qu'il a besoin d'être reconnu comme une personne unique au monde. Ses parents ne lui apportent pas seulement le lait et les soins, mais le regard posé sur un être singulier.

Bien entendu, on peut dire aussi que l'amour porté à l'enfant est l'expression d'un manque – d'une certaine manière l'enfant fait exister les

1. S. Freud, *Inhibition, symptôme, angoisse*, Paris, PUF, 1965, p. 83.
2. Marc Aurèle, *Pensées*, VI, 13.

parents davantage, leur donne une raison de vivre ou un motif de fierté, que sais-je. Et tout cela est vrai. Néanmoins, cet amour intéressé tend à l'amour désintéressé, il le cherche, il l'espère. Dans la cosmogonie qui fonde notre culture – le Pentateuque –, le Dieu inaugural, tout-puissant et ne manquant de rien, crée l'humanité par amour, c'est-à-dire à partir d'un sentiment absolument désintéressé. Cette cosmogonie traduit l'idée que nous nous faisons de l'amour, et ce que nous voudrions qu'il soit, au-delà de l'ampleur de nos égoïsmes incorrigibles. Cet amour entièrement désintéressé demeure le secret de Dieu, mais s'affiche pour nous en modèle.

L'amour inconditionnel et désintéressé représente ici – en Occident – un idéal et une promesse. Cela signifie que l'enfant ne doit pas être compris comme le simple membre d'un tout – famille, groupe, société, patrie –, mais littéralement aimé pour lui-même, ce qui aura des conséquences immenses sur la transmission éducative, on le verra plus loin.

L'enfant, sous ses allures de jeune dieu et de plaisant despote, est une créature souffrante, car il fait l'expérience radicale de la détresse de vivre. Mais ce dont il a besoin pour simplement continuer d'exister, ne se compte pas en litres de lait. Parce qu'il se sent faible et livré au monde et à ses dangers, sans défense, et parce que ces dangers ne sont ni reconnus ni définis, il attend de combler non seulement ses besoins primaires, mais ses exigences de confiance et d'apaisement – ce que seul l'amour peut donner. Son indigence est telle qu'il vit, dans les premières années, littéralement sous perfusion d'amour. C'est la seule réponse possible au sentiment de manque et de finitude, dont il fait l'expérience cruelle dès le tout début. Il « sait » bien avant l'adulte que, selon les mots de Marc-Aurèle, « la vie est une guerre et un séjour étranger ». Ses parents sont la béquille de l'infirme et les yeux de l'aveugle, et les traducteurs des signes indéchiffrables. Mais plus encore, leur amour laisse voir qu'il est possible de vivre dans un monde aussi inamical, et même hostile. L'amour des parents n'a pas pour seul résultat de nourrir et de protéger. Dès le début, il répond pour ainsi dire par avance à l'angoisse de la finitude existentielle dont l'angoisse du ventre vide n'est que l'avant-garde prémonitoire. La détresse dont parle Freud annonce et préfigure le souci existentiel, dont elle est probablement déjà le commencement, laissant voir qu'il y a là un petit d'homme, capable de savoir qu'il va mourir. Et cependant, quand il se trouve avec sa mère ou son père, l'enfant est triomphant et comme protégé par Dieu lui-même, c'est-à-dire infiniment protégé, absolument hors de danger et dominant le monde, ce qui ne nous arrive jamais, à nous adultes, tant nos remparts sont en carton et faits de mots fragiles. Seul un amour immense peut garder d'une détresse immense. Et l'enfant connaît le secret de cette circonstance. S'il n'est pas immensément aimé, alors ne reste plus que la charge infinie qu'il représente, lui si fragile et si livré – et l'adulte le lui reproche :

> Elle commença à passer en revue toutes les maladresses dont je m'étais rendu coupable, toutes les insomnies que j'avais commises, tous les endroits élevés desquels j'avais culbuté, tous les trous au fond desquels j'avais culbuté, et tous les coups que je m'étais donnés, sans compter toutes les fois qu'elle aurait désiré me voir dans la tombe, et que j'avais obstinément refusé d'y aller [1].

L'enfant aime immensément et a besoin d'être aimé non seulement parce qu'il a besoin de lait et de soins, mais parce qu'il a aussi besoin de survivre dans un monde redoutable et incompréhensible,

---

1. Ch. DICKENS, *De grandes espérances*, Paris, LGF 1998, p. 61.

dans *la guerre et un séjour étranger.* Ses parents ne sont pas seulement la béquille de l'infirme, mais aussi la solidarité dans le souci de vivre, comme peut l'être tout amour terrestre. La mère qui berce l'enfant témoigne bien qu'elle calmera la fièvre et donnera à boire, mais elle témoigne aussi d'une promesse : celle de frayer le chemin dans l'hostilité du monde et d'en partager l'angoisse.

L'enfant ne peut pas ne pas aimer. Si ses parents ne l'aiment pas, il se trouve en situation d'amour non réciproque, ce qui représente le plus éclatant des malheurs. Et souvent il sera prêt, pour y répondre, aux plus extraordinaires concessions. Le personnage de Jules Renard pense que ses parents ne l'aiment pas. Il est probable d'ailleurs que les parents de Jules Renard – l'auteur et le personnage ne font qu'un – étaient moins des gens malveillants que des rustres et des béotiens ; plus rustres en tout cas que le jeune Poil de Carotte, qui dans sa finesse précoce ressentait les maladresses comme des manques d'amour. En tout cas, il accepte tout jusqu'à la bassesse pour tenter de conquérir leur affection, au point que le lecteur en est constamment ému.

Dans sa détresse initiale, l'enfant ressent non seulement le ventre vide, mais la mort qui rôde.

Pour y parer il lui faut un amour immense. Sacrificiel. En ce sens, chaque enfance est un miracle, parce qu'il faut pour la sauver tant de sollicitude que c'en est presque impossible. On touche du doigt le miracle en apercevant quelques situations dans lesquelles la sollicitude est rendue objectivement périlleuse et tragique. L'image de la mère-courage, qui tient tous les rôles avec une abnégation géante et un flegme sidérant, est bien décrite par la littérature, figure si connue et presque si courue qu'on la juge naturelle et fade à la limite. C'est pourtant une figure héroïque, comme celle de ces pères restés seuls prématurément avec la responsabilité de l'enfant, souffrants, affairés, tenant tous les rôles à la fois sans concession pour soi-même, d'une abnégation si prégnante, si profondément voulue, si marquée dans le comportement attentif, avec cette souffrance à fleur de peau et aussi cette joie du don, l'immense volonté de bien faire, de tenir l'enfant hors de l'eau jusqu'au bout des forces – on a toujours l'impression de voir ces pères souffrants traverser le fleuve tumultueux de la vie, sous l'eau et portant l'enfant à bout de bras au-dessus de la surface respirable, doutant toujours d'arriver à bon port, et dispensant toutes leurs forces vitales avec la ferveur du dernier des croyants.

Un humain qui aura été aimé pendant son enfance pourra oser toutes les aventures. La vie ne lui fera pas peur, parce qu'il sera relié pour toujours à un fil invisible qui évite les gouffres. Seul l'amour des commencements, s'il est lucide (car il y a une manière de « trop » aimer qui à l'envers détériore), donne l'élan pour assumer la difficulté de vivre[1]. Il peut paraître incroyable de penser au sentiment de sécurité que nous nourrissons devant la vie, capables que nous sommes par exemple de porter des projets à long terme, alors même que notre existence est si menacée et si périlleuse. La raison en est que l'amour des commencements a donné naissance à un capital de confiance inépuisable. L'amour premier rend immortel.

D'incroyables expériences nous font comprendre que l'exigence d'amour est une réalité bien tangible : sans amour l'enfant meurt, et s'il grandit, devient fou. On regrette que notre histoire rapporte des faits aussi cruels. Ainsi la Chronique du moine franciscain Salimbene de Adam

---

1. G. SIEWERT insiste là-dessus : « Seul un grand amour permet à l'enfant de porter ensuite le fardeau du monde et de la vie », *Aux sources de l'amour, Métaphysique de l'enfance*, Paris, Parole et Silence, 2001, p. 75.

de Parme (disciple de Joachim de Flore), nous relate des expériences qui furent faites en son temps – XIIIe siècle – par l'empereur Frédéric II de Hohenstaufen. Voulant tenter de savoir quelle était la langue primordiale, et si c'était l'Hébreu, le Grec, le Latin ou l'Arabe, il fit nourrir des enfants qu'on laissait sans contact avec personne. Ils étaient censés dans leur solitude se mettre à parler la langue originaire ! Mais, conclut laconiquement le moine Salimbene : « L'expérience n'aboutit à rien, car tous les enfants moururent[1]. » Ils ne mouraient pas parce qu'ils étaient privés de parole. Mais parce que, pour les priver de parole, on les avait privés de tendresse.

Ces histoires traduisent parfois le cynisme d'expérimentateurs sans scrupule, parfois l'aveuglement d'esprits que la réalité a fuis. C'est le cas de la Roumanie communiste, où Ceaucescu, désirant une population nombreuse éduquée par l'État, interdisait par une surveillance rigoureuse tout moyen de contraception et exigeait cinq enfants par famille. En même temps, il instituait des orphelinats dans lesquels on recueillait les nombreux enfants abandonnés. Après la chute du dictateur, on découvrit dans ces *camin-spital*,

1. S. DE ADAM DE PARME, *Cronica*, 1664.

véritables mouroirs, entre 100 000 et 150 000 enfants affamés, sales, entassés et attachés dans les lits à barreaux, que personne jamais n'embrassait. Le destin de ces enfants fut terrifiant : ils devenaient fous par privation de sollicitude. Quand l'époque du Conducator fut terminée et l'Europe ouverte, à l'Ouest, des couples courageux voulurent adopter certains de ces enfants : mais si jeunes qu'on les emmenât, ils restèrent débiles. Rien ne pouvait racheter l'aride indifférence dans laquelle on les avait tenus, et qui avait entravé tout devenir.

Le chaos et l'amour

Mais le rôle de l'amour ne s'arrête pas là. Il ne se contente pas d'arracher l'enfant au néant et à la mort. Il lui présente un monde. Autrement dit : il ne lutte pas seulement contre le néant, mais aussi et surtout, contre le chaos.

C'est une tout autre affaire.

Depuis Hésiode, une généalogie de textes nous décrit un amour cosmique, ou si l'on préfère une vision non seulement morale, mais métaphysique de l'amour : c'est lui qui donne l'être, qui fait être ce qui est. Et cela parce qu'il est une puissance unifiante, que les poètes depuis les origines appellent le dieu le plus ancien : « Amour est sans parents ! », s'exclame le Phèdre de Platon [1]. On le décrit primordial. Bien sûr, il permet l'éclosion de l'être biologique, si l'on pense à l'acte

1. PLATON, *Le Banquet*, 178 abc.

sexuel. Mais surtout, par sa vertu unificatrice, il façonne les mondes. Un enfant n'a pas encore de monde. C'est l'amour des éducateurs qui le lui apporte.

Que signifie n'avoir pas de monde ? Cela signifie vivre dans le chaos. Chez les Grecs, *chaos* a longtemps renvoyé à quelque chose comme le néant. Tandis que dans l'Ancien Testament, le chaos appelé *tohu-bohu*, n'est pas le néant mais l'indétermination : il y a de l'être, mais il n'est ni différencié ni, à plus forte raison, nommé. Ce que l'enfant a sous les yeux, n'est pas un néant, puisque la réalité devant lui se compose de personnes et de choses. Mais tout cela n'a pas de sens pour lui. C'est de là qu'il lui faut sortir : ce paysage indéterminé doit *faire monde*, et cela adviendra par l'amour.

La pièce de Paul Claudel, *Tête d'or*, s'ouvre sur la complainte du jeune Cébès :

> Me voici,
> Imbécile, ignorant,
> Homme nouveau devant les choses inconnues
> Et je tourne ma face vers l'Année et l'arche pluvieuse, j'ai plein mon cœur d'ennui !
> Je ne sais rien et je ne peux rien. Que dire ? Que faire ?

À quoi emploierai-je ces mains qui pendent, ces pieds
Qui m'emmènent comme le songe nocturne[1] ?

Voyez : il ignore tout, il se trouve devant un monde à l'état d'indétermination – dont il ignore les déterminations et les significations. Il ne sait quoi faire puisqu'il ignore le sens des choses du monde. Il se sent investi de forces intérieures qui demeurent inoccupées. Il ne sait à quoi utiliser son corps : où aller ? où s'investir ? C'est la terrible complainte du jeune esprit qui cherche à nommer les choses du monde, afin de trouver auprès d'elle sa place et son rôle. C'est l'étonnement d'un être détaché de la nature quoiqu'issu d'elle, autrement dit extradé de la nature, devenu autonome et flottant, sans savoir pour quoi faire ni pour aller où.

Ce sentiment d'étrangeté est prémisse de l'étonnement philosophique.

Telle doit être l'impression, le sentiment de l'enfant devant le monde qui l'entoure, dont il ignore les significations mais dont il pressent qu'elles existent, et qui voudrait de ses maladroites forces contribuer à la marche du monde, mais sans savoir comment ni où.

1. P. CLAUDEL, *Tête d'or*, Paris, Folio, 2005.

Autrement dit, pour l'enfant le monde est absent – la réalité est in-sensée, privée de signification dans sa présence même, présente mais absente en tant que monde. Car ce que l'on appelle *monde* est un édifice harmonieux de significations qui se complètent et révèlent ensemble un sens donné à l'existence.

Le nourrisson se trouve devant un absolu chaos, parce qu'aucun objet du monde ne signifie pour lui. Les deux périls sont pour lui la mort et le chaos, la première susceptible de lui ôter la vie et le second de l'empêcher de parvenir au monde. À l'une et à l'autre, c'est l'amour qui répond. L'amour empêche de mourir et c'est lui aussi qui ouvrira la porte du monde.

L'enfant construit silencieusement des mondes imaginaires et parallèles, pour se trouver au moins devant un univers porteur de sens, fut-il irréel. Car une chose est sûre : l'enfant cherche l'ordre et un monde ordonné. Il attend avec impatience de trouver autour de lui non plus un chaos, mais un monde. Le chaos l'inquiète et l'angoisse. Il goûte de la joie à s'insérer dans le monde en participant aux significations, et toutes les activités qu'il accomplit et répète lui sont prétexte à devenir partenaire au milieu d'un univers de sens, qu'il s'agisse de taper dans un ballon, de mettre le couvert ou de lacer un soulier. Il lui faut un ordre, dans lequel il s'insère avec ferveur.

L'enfant recherche, et même collectionne, tout ce qui fait sens, tout ce qui lui rend l'existence compréhensible, à commencer par les traces de sa propre filiation.

Car l'indétermination n'est pas humaine. Nietzsche disait que la réflexion pédagogique doit commencer, non par l'étonnement comme la pensée philosophique, mais par l'effroi[1]. Pourquoi ? Celui qui se préoccupe de la *Bildung* – formation, culture au sens actif, *paideia* pour les Grecs – se trouve au premier regard devant ce chaos effrayant qui est le non-monde de l'enfant. Si vous ne ressentez pas cet effroi, ne faites pas de pédagogie ! Car c'est lui qui incite à agir dans le sens de la « formation » au sens propre. Originairement, l'être humain repousse le chaos, il en a peur, et aspire à la forme.

Nietzsche décrit, à son époque déjà, une sorte de refus de la formation qu'il appelle le moment du *chaos redoublé*. Il ne s'agit plus du chaos primitif, devant lequel paraissent toujours la crainte et

1. Voir B. STIEGLER, « Nietzsche et la critique de la *Bildung*, 1870-1872 : les enjeux métaphysiques de la question de la formation de l'homme », *Noesis*, 10/2006, p. 215-233.

l'appel de la détermination, l'appel du sens. Il s'agit d'un chaos suscité par la lassitude, et dont la terrible caractéristique est celle-ci : ce chaos est aimé en tant que tel ! On ne cherche pas à en sortir. D'où vient-il ? Essentiellement du préjugé faux selon lequel l'enfant possède déjà sa liberté et son individualité, avant toute formation. L'analyse de Nietzsche est étonnamment proche de celle que nous pourrions faire aujourd'hui. Il décrit la fabrication d'une masse docile, rendue possible par l'abandon de la formation de la personne, formation que l'on croit inutile. L'égalitarisme fabrique avec joie du chaos, c'est-à-dire de l'indétermination, des êtres tous semblables et privés de la conscience personnelle qu'aurait pu faire naître une vraie formation. C'est que, forcément, le déploiement de la conscience personnelle suscite les inégalités.

L'enfant, qui aspire naturellement à sortir du chaos dans lequel il se trouve, ne pourra le quitter que si l'éducateur lui désigne des significations. Pour transformer le chaos en ordre, il doit passer par des adultes, parce que l'univers dans lequel il arrive en naissant n'est pas entièrement naturel, mais culturel, c'est-à-dire nanti de significations, et si l'on peut dire codé : un monde.

D'ailleurs l'enfant a soif de comprendre les codes de ce monde dans lequel il lui faut vivre.

D'où son permanent « pourquoi ? ». Il est si confiant dans le rôle de l'éducateur comme messager et traducteur, qu'il confond souvent le savoir de l'adulte avec un pouvoir sur les choses. Hesse raconte que lorsque son père lui eut montré le crépuscule et le soleil tombant derrière l'horizon, tout à la fin il s'écria : « Père, refais-le ! » L'enfant prend son père pour le maître des orages.

Le premier don de sens est celui des mots. C'est par eux que l'adulte tisse le monde dans lequel l'enfant va entrer. Le langage permet à l'enfant de s'échapper du chaos, de désigner des êtres. Il prête forme à l'indéterminé – il ne crée pas le réel, comme le croient les idéologues d'Orwell. Le mot se campe devant le désarroi du chaos et le transforme en un monde qui porte des significations. Ce qui fait que seuls l'amour et le langage peuvent soustraire l'enfant au chaos. L'amour qui lui offre un lieu de protection, non pas épargné du chaos, mais où le chaos n'a pas de prise. Et le langage qui l'arrache au chaos[1]. L'enfant privé de mots s'af-

1. « La puissance innommée de l'univers est conjurée par l'homme grâce au mot. Certes, ce ne sont là que parcelles arpentées et prélevées sur le Sans-nom, mais les moissons que l'on y fait croître laissent entrevoir l'infinie plénitude de l'indifférencié », E. JÜNGER, *Type, nom, figure*, Paris, Christian Bourgois, 1996, p. 44.

faire à détruire le monde auquel il n'a pas pu donner forme. On peut dire que grâce aux mots, devant l'enfant, le monde nommé sort enfin dans le clair du jour, s'échappe de la gangue où le tenait la confusion affreuse dans laquelle toutes les vaches sont noires. D'une certaine manière, il commence alors à exister. On peut supposer qu'un monde encore innommé, celui de l'*infans*, n'a pas véritablement d'existence puisqu'il est privé de distinctions, d'utilités, d'origines, de finalités. L'*infans*, ou l'enfant qui ignore encore le langage, vit au milieu d'un spectacle vide de sens.

Le langage, certes, n'annule pas le chaos : toujours nous vivons dans l'incertitude et dans certaines ténèbres. Mais il repousse et retient le chaos. C'est une digue – victorieuse.

L'enfant reste longtemps un abîme ténébreux, habité par un tumulte d'émotions, de sentiments, de significations qui s'enchevêtrent et se heurtent. L'adulte est celui qui au milieu de ces tumultes ouvre un monde ordonné.

Nous avons connaissance d'un certain nombre d'enfants qui ont été « élevés » (plutôt nourris, ou même dressés) par des animaux. Ce qui suppose, de la part de ces derniers, une certaine empathie, puisqu'ils auraient pu tout aussi bien en faire leurs repas. Cette empathie animale, si bien décrite par Frans de Waal, représente peut-être le début tâtonnant de ce que nous appelons l'amour, et c'est bien en tout cas une sollicitude primitive. Mais cela n'a cependant rien à voir avec l'amour humain, qui est une communion dans le tragique de l'existence – chose que les animaux ignorent.

Les enfants élevés par des animaux, quand ils ont été découverts après des années de vie sauvage, menaient une existence animale. Ils étaient tous couverts de poils. À la fin du XVIIe siècle, on a trouvé en Lituanie, deux fois et séparément, un enfant vivant parmi les ours et comme les ours, se nourrissant et se battant comme eux. Au XVIe siècle, l'enfant-loup trouvé en Wetteravie mangeait la viande crue et courait en faisant d'immenses sauts. L'enfant irlandais, trouvé à la même époque au milieu des moutons sauvages, mangeait de l'herbe et bêlait comme un mouton. Un enfant trouvé dans les Pyrénées sautait comme les isards. On découvrit même au XIXe siècle, en Autriche, une petite fille qui vivait parmi les truies sauvages, et qui pour tout langage grognait comme un cochon. Ces cas, on peut le deviner, ne sont pas très nombreux, et nos connaissances en sont écornées par l'ampleur des légendes qui s'y attachent – le merveilleux et la science ne font pas bon ménage. Cependant ces histoires incroyables nous apportent quelques certitudes : un enfant ne tire pas l'humanité de son propre fond, comme le croyait Rousseau, mais il reçoit de ses éducateurs ce qu'il faut pour déployer ses capacités d'humanité. Et il faut ajouter une précision essentielle : lorsqu'un de ces malheureux enfants entrait dans le monde des humains – la plupart d'entre eux avaient 12 ou 13 ans à leur découverte –, alors il était trop tard pour lui. Pas un seul de ces enfants retrouvés n'a pu apprendre le langage humain. On est parvenu à les faire marcher sur deux jambes, à les habiller après de longs refus et à les faire dormir dans un lit, mais ils restèrent toujours des sortes de singes savants, à moitié humains seulement et presque par contrefaçon. L'exemple le plus éclatant, parce qu'on le connaît mieux, est celui de Victor de l'Aveyron.

Quand ce garçon d'environ douze ans sortit des bois et fut capturé, à la fin du XVIIIe siècle, il était couvert de poils, se nourrissait de racines, et poussait des cris d'idiot. Tout fut fait pendant plusieurs années pour le civiliser, avec une adresse, un soin et une sollicitude magnifiques. Et pratiquement, tout échoua. On parvint à vêtir Victor, à lui apprendre certains gestes comme l'épluchage de pommes de terre ou la manière de manger avec une fourchette. Il ne parla jamais. Désolé, son tuteur finit par le confier à sa gouvernante qui en prit soin le reste de ses jours.

Victor ne fut pas traité comme un simple objet d'expérience. L'affection et la sollicitude de Jean-Gaspard Itard et de Madame Guérin marquent chaque page de son douloureux, et inutile, apprentissage. En le voyant, on se souvient de plusieurs de ces enfants trouvés qui étaient parvenus à faire comprendre leur désir de retourner au milieu des bêtes. Comme le dit F. Dagognet qui préface les *Rapports* de J.-G. Itard « Finalement, Itard a moins libéré son Victor qu'il ne l'a aliéné, alors qu'il volait à son secours, ce qui ajoute au drame[1]. »

La réussite de Jean-Marc Itard ne fut pas d'humaniser Victor, mais de comprendre pourquoi il n'avait pas pu humaniser Victor : « L'homme en tant qu'homme, avant l'éducation, n'est qu'une simple éventualité, c'est-à-dire moins même qu'une espérance. » Sans la culture qu'on lui apporte, l'enfant reste un humain en puissance, réduit à son être profond, à sa dignité substantielle, comme un grand handicapé de naissance. Les gènes font de lui un hominidé : mais les éducateurs, et eux seuls, en font un humanisé. Et cette humanisation se donne au tout début, ou bien

---

1. F. DAGOGNET dans J.-G. ITARD, *Victor de l'Aveyron*, Paris, Allia 2009, p. 16.

manque toujours – ce qu'ajoute François Dagognet : « Victor, en dépit de quelques modestes transformations, demeure le prisonnier de son commencement[1]. »

Pour Victor comme pour les autres « enfants sauvages », le monde animal et naturel était le premier qui eut ordonné le chaos – monde initial et structurant, donc irremplaçable.

1. *Ibid.*

Un havre de sens

La question posée par ce don de sens, la première question, l'essentielle, qui risque de tout détruire, est celle de l'aléatoire du sens. Celui-ci est le fruit d'une culture, chaque fois particulière. Donc relative. Et qui par l'amour qu'on lui porte, se croit vite absolue. Les parents parlent à leur enfant de la France. Ils lui apprennent à manger du pain, et à honorer un Dieu unique. Cependant tout cela est relatif et partiel. De quel droit engager l'enfant dans cette partialité ? Il pourrait aussi bien être chinois, manger du riz, croire aux esprits et à la bureaucratie céleste. N'est-ce pas le brider et l'asservir que de l'engager pratiquement de force, à l'âge tendre où il n'a pas d'autre choix, dans un seul chemin culturel qui va le façonner tout entier ? L'âge moderne occidental conçoit la liberté comme un état d'indétermination, où tout est possible. On dit ainsi : « Je ne lui apporte aucune croyance ; quand il sera grand, il décidera à quoi ou en qui il veut croire. »

C'est avoir oublié que l'enfant ne grandit que dans le plein, et jamais dans le vide. Si on ne lui apprend aucune langue, au prétexte qu'il pourra ainsi choisir sa langue quand il sera grand, alors il ne parlera jamais. Et il en va ainsi pour le reste. Toute culture que nous apportons à l'enfant est aléatoire, relative et partielle. Pourtant, si imparfaite, elle est nécessaire à son humanisation. Hominidé, il devient un humanisé en acquérant des déterminations insuffisantes, inachevées, et même défectueuses – une patrie malade, une famille vulnérable, une histoire pleine de sang. Vouloir le faire entrer dans l'universel et dans la perfection en le vidant de tout, c'est la décision criminelle par excellence.

Parce que cette époque idéologue a visé rien moins que la perfection, elle s'est débarrassée, aussi du point de vue éducatif, des lourdeurs et des déterminations aléatoires de nos pauvres vies, attendant de déboucher dans l'universel parfait du Grand Soir. On a exclu l'apprentissage de la patrie fautive et ratée, pensant que l'universalité parfaite des citoyens du monde se trouvait à portée de main. Mais la patrie fautive et ratée est notre unique sol, et c'est pourquoi il faut l'aimer. La famille vulnérable, toujours capable d'errements et de tragédies, est aussi notre unique sol.

On a du mal à imaginer les loufoqueries et forfanteries grandioses que sont capables d'inventer des démiurges, quand ils sont lâchés dans la nature et pourvus des moyens nécessaires pour réaliser leur délire. Les Soviétiques avaient décidé de retirer les enfants de leurs familles afin de les faire éduquer dans des internats d'État. Il s'agissait ici de façonner des générations d'hommes nouveaux, extirpés des anciennes traditions, croyances et préjugés. L'objectif était d'atteindre 2, 5 millions d'enfants en 1955 – ce qui ne fut fait qu'à moitié, étant donné l'hostilité des familles[1].

Le communisme tenta ces expériences ailleurs aussi, puisque nous savons – épisode volontairement laissé sous silence – que juste après la guerre, en Grèce, des centaines de milliers d'enfants furent arrachés à leurs familles et emmenés de force en Europe centrale pour y être élevés dans des orphelinats. Les malheureux parents quittaient leur pays dont ils arpentaient les terres septentrionales, pour tenter de retrouver leurs enfants volés.

Dans ces cas il s'agissait toujours d'arracher les enfants à des familles imparfaites – nanties de pré-

1. J. N. HAZARD, Colloque sur le Droit soviétique, novembre 1965, fichier électronique.

jugés et de croyances anciennes, afin de les faire entrer dans le Grand Soir, l'universel parfait. Les enfants russes élevés dans des orphelinats ont sans doute été façonnés par les croyances et préjugés, tout aussi imparfaits, de leurs éducateurs d'État, en même temps que privés de l'affection familiale. Les petits enfants grecs ont eu de jeunes éducateurs communistes, souvent sensibles et vigilants, mais habités par d'autres préjugés et croyances imparfaits... Aujourd'hui en France l'Éducation nationale veille à réduire le rôle de la famille, non seulement en raison de l'inégalité qu'elle développe, mais en raison du caractère trop traditionnel de nombreuses familles[1]. Ainsi l'école s'attache-t-elle à « déconstruire les stéréotypes sexistes », par exemple, qui existent au sein de la famille. L'école est un instrument merveilleux entre les mains d'un État idéologue, et l'idéologie moderne réclame de détacher l'enfant des déterminations particulières, afin de le laisser flotter

1. « L'école doit opérer ce miracle de l'engendrement par lequel l'enfant, dépouillé de toutes ses attaches pré-républicaines, va *s'élever* jusqu'à devenir le citoyen, sujet autonome. C'est bien une nouvelle naissance, une transsubstantiation qui opère dans l'école et par l'école, cette nouvelle Église, avec son nouveau clergé, sa nouvelle liturgie, ses nouvelles tables de la Loi », V. PEILLON, *La Révolution française n'est pas terminée*, Paris, Éd. du Seuil, 2008, p. 17-18.

dans un grand néant où, tout étant possible, il choisira lui-même ce qui lui convient.

Ce refus des déterminations répond, comme je l'ai écrit ailleurs, à un refus global du monde culturel et du monde humain tout court, avec ce qu'il recèle de faiblesse et de carences.

C'est pourquoi, éduquer exige d'abord d'aimer notre monde culturel imparfait et saturé de défauts, afin de pouvoir le transmettre tel quel, à charge pour l'enfant de le parfaire et de l'aménager. Sous couleur de tolérance ou de volonté de perfection, le refus d'apporter des contenus – des croyances, et même des préjugés – est une lâcheté. C'est n'avoir pas le courage de défendre ce qui est mien – au prétexte que mon histoire, ma patrie, les croyances de ma maison, ne sont pas assez admirables pour moi ? Je n'enseignerai pas à l'enfant l'histoire de France parce que Napoléon a mené des guerres meurtrières, ni la religion familiale à cause de l'Inquisition, et je tairai le nom de mon père parce qu'il était raciste ?

C'est le moment présent qui le révèle : il faut un certain courage pour transmettre un monde culturel. Car la distance, le doute et l'incertitude existent toujours. Souvent on a l'impression de perpétuer ce à quoi on ne croit pas tout à fait...

L'enfant a besoin d'un monde. Et tous nos mondes sont si fragiles et si pauvres qu'on a honte parfois de n'avoir que cela à lui proposer, on voudrait lui présenter un paradis que l'on n'a pas à disposition. C'est d'ailleurs pourquoi, bien souvent, on lui cache les turpitudes de ce lieu en lequel on le fait entrer... non seulement parce qu'il est jeune et naïf, pas encore apte à supporter les grandes douleurs, mais aussi parce qu'on a honte de devoir lui présenter cela, ce spectacle désolant, et de n'avoir rien d'autre, et de devoir lui dire, *c'est ainsi, le monde est comme ça, il faut t'habituer...* Et parce que nous nous sentons sourdement responsables de ces turpitudes, de n'avoir pas réussi à mieux préparer, à mieux rendre enviable, même seulement acceptable, le monde dans lequel nous le faisons entrer.

Pour pouvoir transmettre, il faut un certain courage, et ce courage n'a pour nom que l'amour. Il ne s'agit pas d'un fatalisme ou d'un cynisme qui dit : « C'est comme ça, le monde est mauvais, supporte. » Car en ce cas, on fera de l'enfant à son tour un cynique ou une victime. Mais il s'agit du courage de voir et d'attendre la beauté du monde ; de proposer un sens au-delà de ce qui apparaît comme non-sens. Proposer un sens est téméraire et hasardeux. Mais celui qui offre à l'enfant un sens, se met au moins en jeu et risque sa peau, autrement dit, se place devant l'enfant pour prendre les premiers coups, et s'il se trompe, revendique pour lui l'erreur. Tandis que celui qui n'aime pas le monde dans lequel il vit, envoie ses enfants à l'abîme avec une négligence de monstre. Hannah Arendt décrivait ainsi le langage du soixante-huitard éducateur :

> En ce monde même nous ne sommes pas en sécurité chez nous ; comment s'y mouvoir, que savoir, quel bagage acquérir sont pour nous aussi des mystères. Vous devez essayer de faire de votre mieux pour vous en tirer ; de toutes façons vous n'avez pas de comptes à nous demander. Nous sommes innocents, nous nous lavons les mains de votre sort [1].

Langage d'un déçu des utopies qui, incapable d'assumer l'imperfection du monde humain, jette l'enfant au milieu du désert avec l'héritage de sa déception. Langage irresponsable, car l'enfant a intensément besoin de significations, et ne peut pas commencer avec les doutes, les regrets et les amertumes. Langage désespéré, assez criminel

---

1. H. ARENDT, *La Crise de la culture*, Paris, Gallimard, 1972, p. 245.

pour jeter l'enfant dès l'abord dans un monde désespéré. L'amour qui permet de proposer à l'enfant un sens, est un amour de l'avenir, le seul qui puisse convenir à l'éducation puisque l'enfant *est* l'avenir. Il dit : tout n'est pas clos, puisque tu es là ; c'est toi qui feras de cet antre une terre habitable, et j'y crois ; si nous prêtons sens à ce qui doit être sauvé, cela grandira.

Les générations des idéologues déçus, devenus des *hommes de trop* par leur inappétence au monde, jettent sur la terre des enfants qu'ils ne savent pas accueillir, parce que pour accueillir il faut un havre de sens. On voit ces enfants partir au milieu des frimas de l'existence, sans manteau ni boussole. Ils se lancent dans la vie les dents serrées, comme on aborde un navire de guerre, le néant dont ils sortent ne les empêche pas d'être courageux, ils répondent aux épreuves et avancent, les joues pleines de larmes. Mais ils ne savent pas pourquoi ils sont là. On leur a donné un instrument magnifique, mais sans mode d'emploi, même provisoire. Or sans mode d'emploi, l'instrument le plus noble devient vite une charge inutile, repoussante et amère.

C'est probablement la Grèce qui, avec l'humanisme, inventa le modèle humain dont l'éducation devait se charger (*paideia* signifie à la fois éducation et culture). Au lieu, comme les autres civilisations, de créer « des dieux, des rois, des esprits », les Grecs ont commencé à façonner des hommes [1]. Il faut entendre que nous défendons un idéal humain, lequel naturellement évolue selon les époques. L'œuvre éducative qui poursuit un but, parce qu'elle n'est pas un simple dressage, se conforme au modèle culturel que l'époque admire : le *kaloskagathos* grec, l'*honnête homme* de l'Europe de la Renaissance, le *gentleman* anglais, l'*homme d'ouverture* d'aujourd'hui. Et toujours ce modèle est plein, habité par un certain contenu positif. Sophocle décrivait ainsi son modèle humain : la maîtrise de soi, l'abandon de la violence. Le modèle de l'humanisme occidental est celui d'une liberté située, exprimant une sortie du holisme grec auquel il puise sa source. Les modèles évoluent : les manuels scolaires d'aujourd'hui vont, par exemple, récuser un modèle héroïque encore capital il y a cinquante ans. Le modèle humain prôné par l'éducation actuelle est celui d'un individu indépendant et convaincu d'irresponsabilité, sauf en ce qui concerne le lointain voire l'abstrait (la sauvegarde de la terre). En France, l'existence d'un ministère de l'Éducation

1. W. JAEGER, *Paideia*, Gallimard, 1964, p. 21.

nationale signifie la volonté étatique de maîtriser les modèles.

Même l'adulte le plus libertaire, celui qui par tolérance extrême (ou plutôt par un idéal relativiste) ne veut rien transmettre que la capacité de choisir, même celui-là transmet sans le savoir. Car l'enfant est assoiffé de déterminations, de définitions, de croyances, de tout ce qui est positif. Et avant de maîtriser le langage, avant de se voir expliquer, il sent autour de lui la couleur de l'atmosphère familiale, et s'en façonne un monde. Il happe tout ce qui passe : même du douteux et du morbide, l'esprit fait alors son miel et son lait. L'éducateur, en général à son insu, imprime sur le quotidien ses sentiments particuliers, et c'est ainsi que l'enfant va juger le monde tantôt admirable et tantôt inamical. Si l'éducateur est nourri d'une inaltérable envie, l'enfant jettera partout des regards d'âcre convoitise. S'il ricane de tout, l'enfant, sans qu'il l'ait voulu, sera fils de la dérision, prêt à jeter bas tout ce qui fait sens. L'enfant est une éponge. Il absorbe comme par osmose les émotions, les sentiments, les passions qui traînent dans son entourage, et en compose son identité. Tel fils a ressenti l'aigreur de son père, qui par exemple n'a pas obtenu le grade dont il se jugeait digne, et s'imbibe de cette aigreur dont il fera son drapeau. Devenu adulte, alors que lui en tant que tel n'a rien à envier à quiconque, il s'avance tout bardé de ressentiment et de révolte. Un autre, dont les parents sont terrassés par un complexe d'infériorité, hérite du complexe comme on reçoit une propriété terrienne, et sa vie durant l'entretient sans aucune raison valable. Celui-là a percé on ne sait comment le chagrin qui submerge sa mère, et qu'elle dissimule pourtant. Il subit ce chagrin comme si c'était le sien, et dans son adolescence, c'est lui qui manifeste la dépression dont sa mère devrait se trouver malade; plus tard il traîne encore derrière lui ce nuage noir dont tous ignorent l'origine. Dans le film *Julietta* (2016), Pedro Almodovar raconte une histoire de transmission silencieuse de la culpabilité. La mère se sent coupable de n'avoir pas su ou pu éviter la mort de plusieurs personnes, elle n'en dit rien (le film à l'origine devait s'appeler *Silencio*), et cependant sa fille reçoit le sentiment de culpabilité « comme un virus » à ce point qu'elle se juge responsable de tous les malheurs alentour. De la même façon, un fils qui venge son père se sent intégralement victime. Nous transmettons le conscient mais aussi l'inconscient qui s'imprime au dehors et déteint sur l'enfant, comme ces bains de couleurs impossibles à fixer. Nous transmettons nos échecs et nos souffrances qui, de vapeurs flottantes, peuvent s'enraciner chez l'enfant comme des virus sournois ou des maladies mortelles.

Ce qui est digne d'immortalité

Transmettre consiste donc à pourvoir, à lester l'enfant de contenus et de déterminations. À l'inscrire dans le monde particulier qui le reçoit – culture, coutumes, croyances. Il ne peut vivre sans enracinement culturel et spirituel et, à ce titre, il ne peut ignorer ce qui le précède.

La liberté qu'on tend à l'enfant, apportée en Occident dans la corbeille du baptême, est seconde par rapport à ces contenus. Elle pourra servir à les détruire – car l'enfant est une personne, autonome. Mais dans le vide, elle n'a pas de sens. Philippe Beneton raconte cette histoire : un homme a un fils adolescent, il pourvoit généreusement à son bien-être matériel et pour le reste le laisse à lui-même avec pour seul viatique de *vivre sa vie*, où il voit la preuve de son *ouverture* et de sa *tolérance*. Un jour la maison est vide, un mot posé en évidence : *Tu ne me donnes jamais rien, je pars.* Le père est saisi de colère : Quel ingrat ! Je le laisse libre, il n'a jamais manqué de rien, et voilà ce qu'il me fait ! C'est que cet héritage unique laissé à l'enfant postmoderne – l'argent et la liberté de tout faire et de tout penser –, est bien loin de suffire. Ce ne sont là que les moyens. À quoi va-t-il employer l'argent et la liberté, ces choses qui ne comptent qu'en second lieu ? Quel est l'essentiel, la substance, le contenu ? Sa liberté en décidera, dit le père. Mais la liberté n'est qu'une instance entre des causes, et faut-il encore que celles-ci existent. Ce n'est pas la liberté qui détermine l'existence, mais la ferveur. La transmission a pour mission de désigner ce à quoi peut s'attacher la ferveur, ce qui vaut de n'être pas oublié, ce qui, en un monde par définition corruptible, où tout meurt et se défait, est digne d'immortalité. C'est pourquoi on ne peut transmettre que par l'amour. Celui qui n'aime rien ne transmettra rien. Le double héritage postmoderne – l'argent et la liberté – raconte une époque où les adultes n'aiment plus leur monde, à vrai dire n'aiment plus aucun monde, sauf celui, chimérique, de quelque Grand Soir, intransmissible parce qu'inexistant. Les personnages qui héritent de la déconstruction, comme ceux de Delphine de Vigan ou de Claire Brière-Blanchet, héritent en même temps du désespoir, parce que rien autour d'eux ne fait sens, ne mérite qu'on s'y attache, n'est digne d'immortalité.

Ainsi, apprendre à vivre consiste non pas à accorder l'argent avec la liberté, mais à proposer une idée désirable de la *vie bonne*, avec les arguments attenants et le témoignage de l'éducateur lui-même. C'est aujourd'hui une gageure, une audace et un risque, que de présenter une image de la vie bonne – image aussitôt désignée à la vindicte. Un commentateur de la Manif-pour-tous exprimait sa colère et son indignation de voir ces affiches d'une famille « modèle » – père-mère-enfants. L'idée même d'un « modèle » lui soulevait le cœur, en raison de toutes les combinaisons qu'ainsi on exclut, on « discrimine ». Discours connu, affiché sur tous les sujets : il ne faudrait rien valoriser, faute de dévaloriser et de « discriminer » le reste. Ce discours du relativisme – tous les comportements ont la même valeur – devient violemment intolérant pour tous ceux qui affichent la ferveur devant un modèle positif – pas de liberté pour les ennemis de la liberté.

La transmission consiste à proposer des évaluations, des échelles de valeurs, des préférences et des ferveurs. La liberté ne s'apprend qu'en jaugeant ces échelles au long du temps. Il ne suffit pas d'ordonner le chaos en donnant des noms et des contenus, il faut encore donner du sens et désigner ce qui davantage, fait sens. L'éducateur ne peut pas dire à l'enfant « nous vivons comme ça par hasard, cela s'est fait tout seul, cela nous est égal ». Parce qu'alors, l'enfant ne s'intéressera pas à sa propre existence et aura le sentiment d'être le jouet chahuté des éléments. L'éducateur dit au contraire : voici comment je vois la vie bonne, même si j'ai beaucoup de mal à la réaliser correctement. Tu feras plus tard comme tu voudras, puisque tu es libre. Cependant, je te propose ce modèle, afin que tu saches que l'existence n'est pas une simple inanité, une boursouflure, ou encore un immense tour de prestidigitation. Mais qu'il s'agit d'une chose sérieuse, qui a du sens, et va quelque part, et par conséquent mérite notre attention et notre ferveur. Que cela vaut la peine de faire quelque chose de ta vie, de tenter de comprendre pourquoi elle apparaît au premier regard comme « une guerre et un séjour étranger ».

Je veux que tu sois

Tous les parents dans l'espace et dans le temps, sauf exceptions monstrueuses et pathologiques, aiment leur enfant et veulent son bien. Néanmoins, le projet ourdi pour l'enfant n'est pas le même partout. Dans toutes les sociétés anciennes, y compris dans l'Occident ancien, le projet pour l'enfant consiste à l'intégrer solidement à ses communautés, et la plupart du temps à faire de lui un maillon utile, et si possible prestigieux, dans la grande chaîne familiale et culturelle dont il est issu. Dans les sociétés dites holistes, l'enfant est comme une feuille de l'arbre, et il ne doit guère avoir de vouloir propre.

Chez les judéo-chrétiens et par déploiement, en Occident, l'idée que l'on se fait d'un enfant accompli est toute différente. Mais cette différence, présente dans les principes originels, ne s'exprime avec clarté qu'après des siècles de tâtonnements, car la société holiste représente la société de base, celle qu'on trouve partout, la plus naturelle, que pour cette raison on aura du mal à dépasser.

L'anthropologie entièrement nouvelle qui apparaît avec le judéo-christianisme suscite une tout autre vision de l'enfant, et en même temps, une définition nouvelle de l'amour et du rôle qu'il joue dans le grandissement de l'enfant.

C'est chez Duns Scot que nous trouvons l'explication théologique de cette manière de concevoir l'amour qui s'attache à un être humain, et son rôle. Tout en est bouleversé.

La première affirmation de foi : Dieu est un être absolument singulier, unique et sans duplicata (j'y reviendrai plus bas avec les miroirs de Borgès). Dieu est un Être singulier qui va créer des êtres singuliers, autrement dit, dont aucun n'est pareil à l'autre. Il crée par amour – pour cette raison qu'il n'a pas besoin de sa création, étant lui-même auto-suffisant. Par amour, il crée des êtres singuliers. Autrement dit : l'amour ici signifie vouloir l'autre pour lui et non pas pour soi. Duns Scot l'exprime ainsi : l'amour se définit par *volo ut sis*, « je veux que tu sois », que tu sois toi, cet être singulier, différent de moi et de tous les autres, que tu as vocation et possibilité d'être ; Dieu qui

« est la charité, me veut pour moi[1] ». Même si nous ne sommes plus en chrétienté, notre compréhension culturelle de l'amour provient directement de la vision chrétienne de l'amour de Dieu pour les humains. Ce que Dieu fait pour nous, nous voulons le faire vis-à-vis de nos enfants, comme d'ailleurs vis-à-vis de toute autre personne aimée.

Il ne faut pas ici comprendre l'amour seulement comme une espèce de tolérance, en un sens moderne – « je t'aime, je te laisse vivre comme tu l'entends. » Il y a bien plus et bien autrement : c'est en effet une sortie de soi, mais non pas dans l'indifférence. L'amour fait être la singularité de l'autre, le fait exister en tant que singulier, lui confère sa spécificité unique. L'amour donne littéralement l'être, car « je veux que tu sois », signifie : « Je veux que se déploie ton essence propre, que je ne construis ni ne contrôle ni même ne connais – je veux que tu puisses être toi, différent de moi et même étrange pour moi. » L'amour consiste évidemment dans le soin de l'autre, la promesse de veiller sur la personne aimée, de l'avoir, pour ainsi dire, en garde. Il arrive bien souvent que l'amour

1. E. Falque, *Dieu, la chair et l'autre : d'Irénée à Duns Scot*, exemplaire électronique.

soit compris comme une prise de possession de l'être aimé, comme sa mise à disposition et sa domination à son propre profit. Alors que l'amour ne signifie qu'oubli de soi en vue de l'autre – en espérant que l'oubli ne soit pas unilatéral, car l'amour non réciproque engendre un malheur garanti. Mais le *volo ut sis* va plus loin encore, puisqu'il suggère de faire advenir la singularité par la magie propre de l'amour. C'est bien le fondement de l'éducation occidentale.

Il faut ainsi ajouter quelque chose à ce qui a été dit précédemment à propos de l'amour de l'éducateur pour l'enfant. C'est l'amour qui permet à l'enfant d'ordonner le chaos pour en faire un monde, parce que l'éducateur aime ce monde et le désigne en tant qu'objet de ferveur. Mais ici, c'est l'amour libre et désintéressé, expression d'une culture dont le modèle est l'amour divin créant des personnes singulières, qui déploie et forge la singularité de l'enfant. Aimer n'est pas seulement protéger, mais plus encore : faire être. Dans les sociétés occidentales, l'humain acquiert une signification spécifique – il devient singulier et autonome, ce qu'on appellera une personne. Cette singularité est ontologique, substantielle, mais c'est l'amour qui lui permet de se déployer dans l'existence. On sait qu'un humain sans amour s'étiole et se dessèche : ce n'est pas qu'il cesse d'être, mais ses capacités demeurent virtuelles et dissimulées. Il faut à un humain l'amour pour se déployer : « je veux que tu sois. »

L'amour que l'éducateur prodigue à l'enfant, ne lui donne pas seulement une structure et un équilibre, une confiance pour affronter l'existence, autrement dit tout ce qui fait de l'hominidé un humanisé. Mais il lui donne, dans la société des *personnes* qui est la nôtre, la possibilité d'accéder à la singularité qui est sa substance. C'est là ce que nous appelons l'amour vrai. C'est le contraire de l'amour de soi. Il est désintéressé et ne se soucie que de l'accroissement de l'être aimé – *volo ut sis* – selon sa propre voie.

Cela, qui peut paraître évident au lecteur, ne l'est pas du tout. Ce qui est naturel à l'humanité dans son ensemble, à vous ou à moi, que nous soyons des Indiens d'Amazonie ou des Français du XVIIe siècle ou des Chinois contemporains, c'est d'abord de faire de l'enfant un maillon de la chaîne familiale, sociale, patriotique. De l'inscrire dans un ensemble où il connaîtra la solidarité. Et conséquemment, de faire de lui un anneau de ces ensembles, autrement dit, un instrument, ou un agent, parfois un messager, de cet ensemble dont il peut revendiquer l'appartenance. Mais l'idée de sa singularité propre vient toujours en second lieu et même bien souvent elle n'effleure pas l'esprit de l'éducateur. Il est plus fréquent de voir l'enfant instrumentalisé à la gloire du père ou de la famille entière, à ce point qu'il trouve dans son berceau le devoir de rendre justice, et parfois de relever la réputation en détresse, de cet ensemble familial dont on l'institue protecteur et gardien. Il arrive alors bien souvent qu'on ne se soucie guère des capacités propres de l'enfant ni bien sûr de ses goûts, et qu'on lui assigne des objectifs trop élevés pour ses moyens, nourrissant avec la soi-disant grandeur des nuages de complexes ; ou bien des objectifs si difficiles à atteindre, qu'il devra, sauvant ainsi son devoir et l'honneur du clan, sacrifier tout le reste et parfois asservir à sa tâche son entourage entier pour tenter d'y parvenir. On a tout vu. On a vu des pères qui limitent les capacités de l'enfant par l'interdiction ou la dérision, afin de ne pas se voir dans leur vieil âge dépasser par l'enfant qu'ils ont mis au monde. On a vu des mères qui prêtent à leur enfant des capacités si élevées par rapport à leurs forces réelles, qu'ils ne pourront avancer dans l'existence que fortement handicapés par l'abîme entre le possible et le but à atteindre, et constamment dévorés par un sentiment d'imposture, car ils connaissent, eux, leurs propres limites que leur mère n'avait pas voulu regarder. On a vu des pères narcissiques tourmentés par le désir brûlant de fabriquer des clones d'eux-mêmes. Et le désir de faire de son fils un clone de soi, représente sans doute la plus vieille aspiration des éducateurs de tous les temps. Cependant la duplication, si elle peut réaliser le programme des sociétés holistes, ne convient en aucun cas à nos sociétés, parce que notre vision de l'humain ne se prête pas à ce genre de rêve. C'est bien en pensant à ce clonage paternel, si répandu et considéré avec tant d'indulgence, que Jorge Luis Borgès disait avoir trouvé dans l'Encyclopédie de Tlön (monde imaginaire), cette phrase mystérieuse : « Les miroirs et la paternité sont abominables, parce qu'ils multiplient l'univers et le divulguent [1]. » Bien sûr, on sait que Borgès détestait les miroirs pour des raisons précises, mais cette affirmation, qui représente à la fois l'antienne et l'angoisse de ce texte tellement étrange, indique surtout comment l'auteur comprenait la paternité : comme une répétition du même – le père cherche à faire de son enfant un double. Ce qui est vrai dans les sociétés holistes et de façon

1. J. L. Borgès, « Tlön, Uqbar, Orbis Tertius », dans *Fictions*, Paris, Gallimard, 1965, p. 12.

naturelle pour toutes les sociétés du monde. Mais les sociétés occidentales vont, à cet égard comme en d'autres, contre les habitudes générales : pour elles, le but de la transmission n'est pas du tout de démultiplier l'univers. Au contraire. Il est de libérer chez l'enfant la capacité d'autonomie. Il ne s'agit pas d'indépendance, mais d'autonomie. La première consiste à ne dépendre de personne, et cela n'existe pas. La seconde consiste à se donner ses propres lois, ou encore, à choisir ce dont on sera responsable : ce qu'est la liberté. Il ne faudrait pas croire que la culture occidentale adopte tout naturellement cette idée de la transmission, qui s'oppose à toutes les habitudes avant et ailleurs. Non, elle l'adopte par conviction et en luttant contre l'instinct. C'est pourquoi en Occident même, la tendance du père à fabriquer des clones se redéploie en permanence et suscite des révoltes sans nombre (comme l'épisode de 1968).

Maria Montessori disait : si on enlève à un enfant sa capacité d'autonomie, « on éteint son âme[1] ». Et en effet, il est ici question de ce que nous appelons l'âme.

Le bonheur, s'il consiste bien en un accord avec le monde et avec soi-même, s'instaure sans doute

1. M. MONTESSORI, *L'Enfant*, p. 161.

dans le déploiement de l'être propre. Et si aimer un être consiste à le rendre heureux, il s'agit bien là de lui permettre de s'accomplir. Au moins dans les cultures qui confèrent une valeur inestimable à la personne singulière, et considèrent par conséquent que l'enfant n'est pas un instrument ni un moyen au service de sa famille ou de son groupe, mais doit pouvoir poursuivre sa fin propre.

L'enfant est malheureux, dont on a tenté d'*éteindre l'âme*. Est-ce pour cette raison que Jules Renard se disait triste et accablé un jour de décembre 1909 où Giraudoux vient le voir ?

> Je ne suis pas occupé, me dit-il. Je suis malheureux. Non. Tout le monde va bien chez moi. Ma femme m'aime, mes enfants sont charmants. Mes amis sont dévoués. Ma pièce a du succès. Mes livres se vendent. Le chien de la concierge aussi m'adore. La famille, l'amitié, le travail, tout me réussit. Mais je suis malheureux [1].

1. J. GIRAUDOUX, *Souvenir de deux existences*, Paris, Grasset, 1975, p. 85.

L'enfant comme personne

Pendant longtemps, on a considéré les enfants comme de petits animaux, émouvants et attachants, mais encore en attente d'humanité. Peut-être l'énorme mortalité infantile pouvait-elle convaincre de ne pas trop s'attacher à eux.

Si partout on a tendance à utiliser les enfants – les plus fragiles et les plus dociles maillons de l'humanité – aux travaux désagréables, c'est que partout le faible courbe le dos et subit devant le fort. Les sociétés occidentales du XIXe siècle ont exploité les enfants sans vergogne, et lorsque les chrétiens sociaux se sont levés au Parlement contre cette situation, en réclamant des lois sociales pour instituer des limites d'âge et d'horaires, ce n'était pas uniquement pas philanthropie. C'était aussi par humanisme. On confond les deux, qui pourtant diffèrent. La philanthropie est une compassion pour l'humain et notamment pour l'humain faible qui souffre.

Tandis que l'humanisme répond à une haute idée que l'on se fait de l'homme, roi de la nature et différent par l'esprit des autres vivants. C'est ainsi que dans cette acception, seule la culture occidentale est humaniste, puisqu'elle est seule à prêter cette haute valeur à l'homme. Mais toutes les cultures, sans exception, sont philanthropes.

L'exploitation des enfants dans les usines n'était pas indigne seulement parce qu'il est indigne de faire souffrir des êtres faibles ; mais aussi (surtout ?) parce que chaque enfant, en tant que tel, doit pouvoir se consacrer au déploiement de son être propre.

Comme l'avait montré Jan Patoèka, l'Europe est le continent du *soin de l'âme.* Évidemment, on n'entend pas ici par *âme*, au sens très ancien, le mouvement qui caractérise le vivant *(anima).* Ni, à l'inverse, cette réalité distincte du corps qui serait liée, selon les philosophes, à Dieu ou à l'immortalité (même si ces deux acceptions ne sont pas pour autant à bannir). Mais « l'âme, dans la conception de la philosophie depuis ses débuts grecs, est précisément ce qui en l'homme est capable de vérité[1] ». À partir du moment où l'homme sort de l'âge des mythes, et entre dans

1. J. PATOÈKA, *Platon et l'Europe*, Paris, Verdier, 1983.

l'âge de la quête de la vérité, il lui faut particulièrement « soigner son âme ».

C'est à cela que s'attache la transmission, quand elle répond à l'éducation d'initiative propre à la culture occidentale – se surajoutant à et venant plus tard contredire l'éducation d'initiation, propre à toutes les sociétés humaines.

La transmission par initiation consiste à inscrire l'enfant dans un monde en lui donnant tous les éléments pour le comprendre et pour s'y mouvoir. Tandis que la transmission d'initiative répond à la capacité d'autonomie qui est l'apanage de ce que nous appelons une personne. L'enfant est une personne, capable de développer une conscience libre, la quête de la vérité, la responsabilité de ses actes – à condition qu'il y soit préparé. La transmission par initiation correspond aux mondes culturels structurés par les mythes, récits signifiants et idiosyncrasiques, c'est-à-dire particuliers, valant pour la culture qui les raconte – sans rapport avec la recherche de la vérité qui est universelle (même si on trouve dans les mythes de toutes les cultures des éléments universels qui attestent l'unité de la condition humaine). Tandis que la transmission d'initiative correspond au monde culturel structuré par la recherche de la vérité, universelle. Ce monde, celui du *logos* qui commence avec les Grecs, transmet moins à l'enfant des contenus signifiants que la forme de l'esprit pour tenter de saisir ce qui est vrai – ce que nous appelons ici l'âme. C'est une culture d'inquiétude. Ouvrir l'âme de l'enfant est ouvrir cette aptitude à recevoir l'interrogation, à sortir du règne de la certitude qui assène et croit tout connaître, à accepter les savoirs dans l'inquiétude. Le soin de l'âme est une formation de l'être à la finitude et aussi à une sorte de confiance en soi : nous pouvons aller vers la vérité.

Chacun peut aller, de son propre pas, vers la vérité : cette intuition correspond à l'idée que nous nous faisons de l'être humain comme personne. Laquelle est d'abord conçue comme digne et sans prix – c'est pourquoi dans les contrées judéo-chrétiennes et depuis l'origine, comme le disait la *Lettre à Diognète*, on ne tue pas les nouveau-nés surnuméraires. Et ensuite, comme nantie d'une âme dont il faut prendre soin. C'est l'âme qui tente de sortir du chaos et qui quête les déterminations, les certitudes, qu'ici on ne lui donne pas d'emblée, toutes prêtes, mais qu'elle devra tenter de décrire aussi par elle-même, parce que dans le temps rien n'est fixe et parce que les générations ne se ressemblent pas. C'est par la réflexion que nous sortons de l'indétermination. Soigner l'âme de l'enfant, c'est construire avec lui la disposition par laquelle il pourra façonner son être propre, son unité, pour se donner dans ce monde flottant une figure harmonieuse et qui soit la sienne. Autrement dit, l'enfant qui est par essence une personne singulière, se construit comme tel grâce à la formation de soi. Ce qui est en substance ne peut devenir figure concrète que par l'intermédiaire des éducateurs. Cette figure – une personne devenue concrète, c'est pourquoi on dit « deviens ce que tu es » – se définit d'abord par l'unité. Elle raconte une sortie du chaos, le renoncement au désordre primitif des émotions, des désirs, des sentiments. De même que le principe de vie, ou l'*anima* au sens ancien, maintient l'unité du corps qui sinon se désagrège en mourant, de même l'âme, comme vie de l'esprit, maintient l'unité de la pensée qui sinon retomberait dans le chaos. L'âme est exposée à la question du sens et à la tragédie de la souffrance, de l'injustice et de la mort. C'est pourquoi la transmission est d'une importance capitale : elle seule donne les matériaux qui permettent d'ordonner l'âme de l'enfant. C'est pourquoi il est impossible de supprimer tout à fait l'initiation, qui consiste à inscrire l'enfant dans un monde d'où il pourra ensuite déployer son initiative, et constituer sa propre unité personnelle.

Dire que l'enfant est une personne, signifie lui prêter une profondeur que l'on ne peut sonder. Ses ressources sont toujours largement inconnues, parce qu'inépuisables : il est un mystère, ce dont on s'approche toujours sans le percer jamais. Ce qui veut dire ceci : l'enfant, comme l'adulte, est toujours objet d'espérance. Même tombé au fond, il peut un jour se redéployer et porter ses capacités bien au-delà du prévisible. De même qu'un adulte moralement effondré peut devenir le sujet d'une rédemption inattendue. Une personne est susceptible de miracles, au sens de l'advenue de l'impossible, parce qu'elle est à la fois libre et dotée de virtualités qu'on ignore. Seuls les cyniques pensent qu'à cet égard, tout est déterminé. Il n'y a pas de fatalité pour les personnes : elles se rient des préjugés qu'on peut forger sur leur compte – et c'est encore plus vrai pour les enfants, aux contours encore incertains.

Le nom

Le mot est la cicatrice qui coud avec maladresse les blessures du chaos, qui détermine une chose alors qu'aucune chose n'est entièrement déterminée : jamais le mot n'épuise la réalité de ce qu'il désigne, et pourtant il faut bien désigner cette chose inépuisable, faute de demeurer toujours dans l'indétermination effrayante. De la même façon, et plus encore évidemment puisqu'il s'agit d'un humain, le nom personnel est la cicatrice qui referme la vaste indétermination et la profonde complexité de l'être, qui lui permet d'être un soi tout en demeurant multiple et fluctuant. Jean, fils de Jean, est la dénomination que je confère à cet humain complexe et bariolé, qu'aucune collection d'adjectifs n'épuisera jamais, et qu'il faut pourtant bien désigner si on ne veut pas le perdre dans sa multiplicité même. Se nommer revient à s'identifier, se donner une identité, donc : être. Mais le nom identificatoire déborde toujours la réalité de l'être. Il le résume, l'appelle, et ne l'englobe pas.

Le nom indique un être singulier, et peut-être cette singularité est-elle un signe de l'âme, comme l'écrivait plaisamment Kundera :

> Avant, il en était encore certainement ainsi voici une trentaine d'années, toutes les vaches du village avaient un nom (et si le nom est le signe de l'âme, je peux dire qu'elles en avaient une, n'en déplaise à Descartes)[1].

Car si on donne un nom propre aux lieux, aux mers et aux montagnes, pour que le voyageur se repère, on donne un nom propre à la créature vivante qui compte en raison de sa singularité – à l'animal de compagnie quel qu'il soit. Où l'on voit que le nom confère l'existence, en est au moins le signe : il confère la légitimité de l'existence. Dans la Chine ancienne, où comme partout ailleurs on tuait les enfants surnuméraires, le nouveau-né pouvait être tué tant qu'il n'avait pas encore de nom. À partir du jour où le père donnait à l'enfant un nom propre, plusieurs jours où plusieurs mois après la naissance selon les époques, il lui conférait en même temps « une personnalité et une âme » (en tout cas cette âme

1. M. Kundera, *L'Insoutenable Légèreté de l'être*, Gallimard, 1982, p. 421.

supérieure qui s'ajoute à l'âme inférieure donnée par la mère en même temps que la vie[1]).

Dire le nom est révéler la présence, une forme de donation. C'est pourquoi les juifs ne veulent pas nommer Dieu, tandis que les chrétiens lui donnent un nom, Jésus, parce que pour eux Il se révèle et s'incarne – se donne.

Ainsi, d'une certaine manière, notre nom nous remplace et nous suit. Demander de livrer le nom d'un coupable, c'est demander de livrer le coupable lui-même. Et dans notre culture où la personne est sacrée, l'expression de la sacralité apparaît dans les textes avec l'expression du nom :

> Le Seigneur m'a appelé dès le sein de ma mère,
> dès le ventre de ma mère il s'est répété mon nom[2].

Mais le nom indique aussi la possession, à des degrés divers. Donner le nom est établir l'appartenance, et l'on se souvient comment les colonisateurs européens débaptisaient les lieux conquis pour les rebaptiser de leurs propres vocables fétiches (les noms de leurs rois ou de leurs

---

1. M. GRANET, *La Pensée chinoise*, Paris, Albin Michel, 1968, p. 487.
2. Isaïe 49, 1.

saints, par exemple). Dieu crée les êtres vivants et leur donne des noms[1], ou bien confère à l'homme le pouvoir de donner les noms[2]. Dans les deux cas, il s'agit de consacrer et titulariser ce qui existe jusque-là sans identité ni statut. Mais surtout, celui qui a donné les noms indique ainsi sa maîtrise : le Dieu de l'islam ou l'homme occidental, qui va consacrer cette maîtrise sur la création jusqu'à l'excès.

Le nom représente l'un des dons, si nombreux, dont on nous pourvoit à la naissance. Par définition nous ne le choisissons pas : ce qui signifie bien que nous ne sommes pas à nous-même notre propre origine. Ceux qui nous le confèrent ne sont pas eux-mêmes leur propre origine. Même dans les pays où la mère peut aussi donner son nom de famille, on donne presque toujours à l'enfant le nom du père, ce qui va de soi puisque le père, contrairement à la mère, est incertain : il faut donc le certifier. Mais le père ne donne que le nom qu'on lui a auparavant donné. Cette filiation symbolique suspend l'enfant mortel à une généalogie immortelle, offre un sens pérenne à cette créature qui, finalement, n'est qu'un déjeuner de

1. Coran, II, 29.
2. Genèse II, 19.

soleil. Le prénom, lui, est le nom de la singularité mais aussi de la tendresse, celui qui enracine cet être dépourvu de tout dans la gloire et la toute-puissance de l'amour – c'est pourquoi cette société où il faut appeler exclusivement par son prénom, est le signe du règne maternel[1].

L'importance du nom pour conférer l'existence ou du moins en conférer l'unité, donne au nom un caractère primordial, et le relie solidement à la sacralité de la personne. Je suis un tout que mon nom rassemble symboliquement, et conserver son nom à tous les moments de la vie, depuis le début jusqu'à la fin, est justement le signe de l'unité de la personne, la même toujours au-delà des changements décisifs et substantiels. Je suis un tout dans l'espace, sous ma dénomination à laquelle je réponds, et je ne puis pas me laisser et partir, je ne puis pas par exemple, comme dans le conte, m'enfuir à Samarcande pour échapper à la mort qui est en moi. Il me faut emmener avec moi ma carcasse (même piteuse) et mon âme (même noire), le tout réuni sous un nom. Ainsi, enlever à quelqu'un son nom, ou lui changer son nom d'autorité, c'est le ramener au désarroi de son chaos,

1. Voir M. SCHNEIDER, *Big Mother*, Paris, Odile Jacob, 2002, p. 211.

faire mine d'oublier qu'il existe, lui imposer de se demander, à nouveaux frais, qui il est.

Dans les sociétés esclavagistes, l'esclave est souvent appelé du nom du maître qui le possède. Par le même esprit de possession, autrefois il arrivait que l'on débaptise les domestiques pour leur conférer un prénom plus adapté au besoin du service (ou aux lubies de la patronne). Les sociétés holistes font passer l'intégrité personnelle après l'appartenance à la lignée, c'est pourquoi les femmes y sont en général débaptisées à leur mariage. Et la dépossession du nom est bien une capture de destin :

> L'épouse prend le nom de l'époux ; à partir de ce jour, elle porte son honneur [...]. Elle a changé de destinée le jour où elle a changé de nom. Le nom de la femme est l'histoire de deux vies, la sienne et celle de son mari [1].

Il arrive que soient collectivement changés les prénoms ou noms de famille, pour consacrer cette fois non plus une possession individuelle mais celle d'un pays conquérant. Raphaël Lemkin décrit l'obligation de changer les noms comme

---

1. E. HELLO, *L'Homme*, Paris, Perrin, 1919, p. 51.

l'une des expressions du génocide : au début de la Seconde Guerre mondiale,

> les ressortissants du Luxembourg qui ont des prénoms étrangers ou non-germaniques sont priés de les changer pour les prénoms allemands correspondants ; au cas où cela est impossible, ils doivent choisir un prénom allemand[1].

Enlever le nom, qu'il s'agisse du prénom ou du nom de famille, est toujours jeter quelqu'un hors de l'appartenance sociale, familiale, culturelle, qui le fait être ce qu'il est. C'est un rapt d'identité. D'ailleurs, les utopies cruelles et les régimes cruels ont bien compris la déshumanisation de ce genre de rapt, terriblement efficace pour jeter un être à terre en le privant de ce qui le structure. Le héros du *Procès* de Kafka s'appelle Joseph K. Dans une autre fable bureaucratique tout aussi glaçante, *Tous les noms* de José Saramago, seul le personnage principal, qui travaille dans un service d'archives, porte un nom. Dans les camps du XXe siècle, nazis et communistes, les noms disparaissent pour être remplacés par des numéros.

1. R. LEMKIN, *Qu'est-ce qu'un génocide ?*, Monaco, Éd. du Rocher, 2008, p. 220.

Il y a des adorateurs du nom bien au-delà de la secte orthodoxe ainsi désignée ! Il n'est pas rare que l'appartenance à une lignée devienne l'unique raison de vivre. La passion pour le nom apparaît dérisoire, autant que celle d'un nanti pour son privilège immérité : « Une seule passion dominait mon père : celle de son nom », écrit Chateaubriand dans un portrait féroce[1]. Il faut être pauvre pour adorer son propre nom. Comme créateur de mondes, l'écrivain s'étonne devant celui qui ne trouve que sa lignée à chérir.

Cependant ce que nous voyons aujourd'hui serait davantage la volonté de choisir son propre nom, afin de faire mine de se créer soi-même. Dans les monastères, on abandonne volontairement son nom pour choisir un *nom de voile*. Et il a toujours existé des renonçants qui se dépouillaient de l'essentiel pour entièrement se dissoudre en Dieu :

> J'ai tout abjuré : nom, domicile, patrie. Plus rien, je n'ai plus rien. Je suis devenu moi-même. Comment je m'appelle ? Un homme ! – Et quel âge as-tu ? Je n'ai pas compté, je leur dis. Et d'ailleurs, on ne peut pas compter, puisque j'ai toujours existé, puisque toujours j'existerai. – Et qui sont tes père et

1. CHATEAUBRIAND, *Mémoires d'Outre-Tombe*, t. I, chap. I.

mère ? – Je n'ai ni père ni mère – hormis Dieu et la terre[1].

Mais il s'agit aujourd'hui d'effacer ou de changer son propre nom pour échapper à toute appartenance, à toute origine et à tout passé : « J'écris pour effacer mon nom », dit Bataille.

Nous vivons acculés entre les idolâtres de l'appropriation (le père de Chateaubriand, adorateur du nom), et les fanatiques du néant de la désappropriation. Les excès ne produisent que des excès.

1. L. TOLSTOÏ décrivant les Begouny dans *Résurrection*, Paris, Gallimard, 1951, p. 662.

La conscience morale dernière instance

Il y a deux façons différentes d'obtenir l'obéissance d'un enfant à la loi morale et à ses développements. On peut dresser en face de lui des barrières d'interdiction, de surveillance et de sanction – « Tu as la permission de minuit, je t'attends sur le balcon et en cas de retard tu es puni ». On peut aussi parler avec lui pour lui faire comprendre la raison des limites, et le rendre maître de ses propres interdits – « Tu sais à quel point il est nécessaire que tu dormes pour travailler demain, je te laisse juge de savoir à quelle heure normale tu dois rentrer ». De cette façon l'enfant est responsable de soi, et apprend à se donner ses propres lois. Naturellement, la transmission des lois morales représente un savant mélange de ces deux manières, et, en général, la première convient plutôt aux jeunes enfants, tandis que la seconde s'instaure progressivement au fur et à mesure de l'adolescence. Seul le discernement de l'éducateur – ou si l'on veut la prudence au sens aristotélicien –, permet de savoir à quel moment on peut passer d'un stade à l'autre. Il faut dire aussi que si l'on dresse des barrières d'interdiction et de sanction pendant très longtemps, on fabrique d'éternels bébés. Mais si on laisse libre trop tôt, on risque des catastrophes.

Dans l'ensemble des cultures, on en reste à l'interdiction et à la sanction, surtout pour les femmes qui sont censées être immatures par nature et/ou par destination, mais bien souvent aussi pour les hommes. C'est poser la loi morale à l'extérieur que d'obliger les femmes à se voiler pour empêcher les hommes de les importuner. C'est poser la loi morale à l'intérieur – autonomie – que d'apprendre aux garçons à respecter une femme dans tous les cas. Chercher le déploiement de l'autonomie est une caractéristique culturelle, issue de l'idée de personne et de l'idée de liberté personnelle. Cela traduit la confiance dans la capacité de l'être humain à quêter le bien et à porter ses responsabilités. Sans doute la conscience morale, sur la présence de laquelle on parie, fait-elle partie de ce qu'ici on nomme l'âme.

L'éthique dans toutes les sociétés et cultures vise une lutte contre la barbarie, et se civiliser, c'est précisément cela. Mais ici, le *soin de l'âme* consiste en un projet singulier : déployer la conscience personnelle pour lui permettre de se donner à elle-même ses limites et de les respecter, au sens où Camus disait « un homme, ça s'empêche ».

La conscience personnelle – l'*âme* de Socrate et jusqu'à Patočka – n'invente pas le bien et le mal ! Elle est maîtresse de leurs frontières, ce qui s'appelle discernement ou prudence. Elle est l'instance ultime apte à se révolter en cas de perversion avérée : Antigone. Elle ne dessine pas le bien et le mal : elle les reconnaît.

Cela est possible parce qu'il y a un Bien universel, même s'il reste trop général pour suffire à tout, même s'il faut l'incarner en l'interprétant, parfois très diversement (une loi naturelle dit partout de ne pas tuer, mais il y a nombre d'exceptions qui ne sont pas les mêmes partout : toutes les sociétés se résignent à tuer en temps de guerre, mais les unes acceptent la peine de mort pour les criminels, d'autres légitiment l'IVG et l'euthanasie). On trouve dans l'histoire des cas exceptionnels de sociétés qui légitiment le mal (le nazisme et le communisme, ou bien l'horrible histoire du pauvre peuple des Iks, dont j'ai parlé dans *Qu'est-ce que l'homme ?*). Dans tous ces cas, on se rend compte par la suite du mal accompli, et on appelle ces actes des crimes. Autrement dit, si le mal est perpétré, il n'est pas longtemps légitimé – et bien souvent il ne l'est jamais. La volonté contemporaine de supprimer les frontières entre la légitimité et l'illégitimité morales, entre le normal et l'anormal, et de bannir le terme même de perversion, représente sans doute la chose la plus grave. Car ce qui sauve l'humanité après Hitler, c'est que le nazisme a été considéré comme criminel. Ce qui sauve l'idée d'un bien universel, que nous pouvons tenter de le reconnaître, c'est ce fait que la nouvelle « morale » nazie n'a pas remplacé toutes les autres : elle a été bannie.

Ainsi, quand l'enfant se demande où est le bien, il peut chercher et trouver un bien universel, ou si l'on veut une morale naturelle, à condition évidemment de ne pas exiger ici des précisions, car celles-ci sont déterminées par chaque culture et parfois par chaque conscience individuelle. C'est ce que veut dire Siewerth quand il écrit que l'enfant reconnaît le bien sans effort et naturellement [1].

---

1. G. SIEWERTH, *Aux sources de l'amour, Métaphysique de l'enfance*, Paris, Parole et Silence, 2001, p. ?? : « Une mystérieuse *inintelligence* de ce qu'on appelle un agir foncièrement mauvais [...]. L'essence même d'une *action mauvaise* lui est fermée. »

Mais quoiqu'il arrive, l'unité à laquelle tend l'enfant l'incite à la fois à comprendre et à juger, c'est-à-dire à se forger l'idée d'une *vie bonne*. On ne s'unifie qu'en écartant, on ne s'avance qu'en choisissant. La postmodernité a tendance à refuser de choisir pour éviter d'écarter, de « discriminer ». Mais on ne peut unifier qu'en triant. Et si l'on devait renoncer à trier, il faudrait aussi renoncer à toute vie morale.

Sénèque décrit dans ses tragédies la geste des Atrides : le dépassement des bornes humaines par le crime monstrueux, ce qui est appelé ici *nefas*, autrement dit l'infamie, ce qu'aujourd'hui nous traduisons par « crime contre l'humanité ». Atrée explique que par son acte, « exploit de géant[1] », il fera peur aux dieux, et le vocabulaire est celui de la démesure et de l'extraordinaire dans le crime. Toutes les barrières sont franchies. Ce qui est accompli ici n'est jamais légitimé nulle part, dans aucun pays, chez aucun peuple. Précisons bien : lorsque Médée dit qu'elle mijote un crime – pas n'importe lequel –, « quelque chose de grand, de fou, de monstrueux » et qu'elle ajoute « jour de profanation, jour de chaos[2] », il ne s'agit

1. Sénèque, Théâtre complet, Actes Sud, 2012.
2. Id. p. 438-440.

pas pour elle de légitimer son acte, mais d'annoncer une transgression – et par conséquent de légitimer en même temps la limite qu'elle enfreint. Ainsi du moins le voit Sénèque. La différence est radicale entre celui qui, comme Diogène le cynique, nie les frontières du bien et du mal et légitime ce qui était auparavant le mal, comme l'inceste, et celui qui reconnaît ces frontières et se vante de les franchir.

En dépit de l'histoire récente qui décrit clairement un *mal* objectif (le nazisme), l'idée de loi naturelle est rudement contestée par des courants modernes et postmodernes : ils renâclent à accepter l'idée même de *scandale*, notion ringarde qui suppose l'existence d'un bien et d'un mal objectifs, autrement dit, indépendants de notre volonté.

Le scandale est étymologiquement un piège qui fait trébucher. Cela s'entend d'un point de vue moral. Celui qui scandalise donne l'occasion d'une chute morale, ou même il y incite : par son comportement, il montre le mal en le donnant pour un bien. S'il soulève l'indignation et la réprobation, c'est précisément parce qu'ainsi il met en cause les frontières entre le bien et le mal, qui sont connues de tous. Le pervers affiche son comportement comme prétendument normal, et de surcroît pousse au crime par la séduction du mal : « cela lui fait plaisir », dit le pédophile en parlant de sa victime. Le scandale c'est l'humiliation du bien que l'on fait passer pour neutre. Le bien est ici humilié au plus haut point, puisqu'il est nié en tant que bien.

Le moment contemporain est passé maître dans l'art de supprimer ou de renverser les barrières entre le bien et le mal, ou de laisser croire que ces barrières ne seraient qu'une affaire de mode ou de volonté sociale. Les courants modernes dits de la déconstruction ont tendance à croire que le progrès finit ou finira par rendre bon ce qui était mauvais, donc par effacer tous les scandales ; ce qui arrive en effet si plus rien n'est « anormal », si le « normal » est seulement ce que je décide tel dans l'instant, si tout est possible moralement. Ce raisonnement se prévaut des retournements nombreux qui eurent lieu dans le passé proche : en art, des peintres comme Pissaro et Cézanne furent des scandales avant de devenir les plus grands ; dans le domaine des mœurs, l'homosexualité fut un scandale avant de devenir aujourd'hui un comportement loué et encouragé.

Pourtant la transmission des limites – même parfois hésitantes –, entre le bien et le mal, fait partie de l'essentielle structuration des âmes. Cela ne signifie pas que les limites ne seront pas ensuite déplacées. Mais elles le seront par la réflexion personnelle de l'éduqué devenu adulte, et non par le ricanement de ceux qui veulent briser le monde moral[1]. Scandaliser – c'est-à-dire laisser croire que les barrières entre le bien et le mal n'ont pas d'importance, ou qu'elles n'existent pas –, représente un crime pour l'âme de l'enfant. Celui-ci nourrit le sentiment intérieur, diffus, qu'il existe un bien et un mal hors de nous, à découvrir, et c'est à l'adulte de dessiner plus précisément la frontière entre les deux. Dans le roman *La Route*, de Cormac Mc Carthy, où le père et l'enfant se trouvent seuls contraints de survivre dans un décor d'apocalypse, l'enfant est toujours plus généreux et plus solidaire que le père, qui lui, doit veiller à l'avenir et satisfaire à l'éthique de responsabilité. Et néanmoins, c'est la présence du père qui garantit la vie morale de l'enfant. Loin de ridiculiser ses élans de philanthropie, il les approuve et parfois y cède, tout en faisant valoir les exigences de la survie qui en

1. Mathieu 18, 6 : « Malheur à celui par qui le scandale arrive » ; Luc 17, 1 : « Si quelqu'un scandalisait un de ces petits qui croient en moi, il vaudrait mieux pour lui qu'on suspendît à son cou une meule de moulin, et qu'on le jetât au fond de la mer. »

général s'oppose à ces élans. À sa manière, il justifie la solidarité de l'enfant : « Oui, on est des gentils. »

À l'inverse, l'enfant livré au scandale perd ses moyens et ses repères. Il n'y a rien d'aussi terrible que la vision d'enfants affolés par le désarroi des limites entre le bien et le mal. Hagards devant des catégories brouillées, ils souffrent de ne plus savoir où est le mal et répètent d'une interrogation douloureuse : est-ce normal, ou non ? L'éducateur se livre à la pédophilie, le père à l'inceste. Ils sont l'un et l'autre respectés, socialement, professionnellement, familialement. Ils doivent exécuter leurs basses œuvres dans le secret, et donc dans l'acquiescement – il leur faut non seulement menacer mais argumenter, et là passe l'horrible scandale. L'enfant sait intuitivement qu'il s'agit là d'une expression du mal, alors même que cela lui est demandé, avec justifications, par celui qu'il aime et respecte. Contradiction mortelle. Horrible scandale, piège sur le chemin, que l'enfant subodore mais sans avoir les moyens de le confondre, et dans lequel il se prend, les joues pleines de larmes. Inversion volontaire du bien et du mal : perversion. La situation est probablement analogue lorsque des adultes façonnent des enfants-soldats qui doivent se trouver livrés au même effroi. Or si ce peut devenir un moindre mal, tuer n'est pas un bien, et chaque enfant, sorti du néant, pourtant le sait d'emblée. C'est pourquoi Dickens a pu décrire *Oliver Twist*, nourri au lait du scandale (on lui donne pour s'endormir un livre qui raconte des meurtres à vous faire dresser les cheveux sur la tête), et cependant un tel allié du bien qu'il décide de mourir plutôt que d'être malgré lui, l'avant-garde d'un cambriolage. Comment peut-il manifester un tel sens moral, issu pour ainsi dire de rien ? C'est que le désir du bien est intrinsèque, et peut se déployer même en milieu défavorable.

Si dans des circonstances abominables, la transmission d'une figure du bien ne peut s'accomplir, il arrive aussi que l'enfant devienne l'un de ces êtres hagards et horrifiés, chez lesquels la lutte a pris forme cosmique entre le bien intrinsèque que sa nature reconnaît et le mal qu'on lui a fait prendre pour un bien. Terrible est l'histoire du Hongrois Imre Kertesz. Le jeune adolescent de 14 ans est emmené sans rien comprendre dans des camps de concentrations successifs, Auschwitz, puis Buchenwald et d'autres encore. Le miracle veut qu'il survive et finalement rentre à la maison, puis raconte son histoire. Or il arrive quelque chose d'effrayant : à force de vivre au milieu des exécutions, des brimades, des humiliations, des privations, et au milieu même de l'odeur de la mort, ne connaissant plus depuis si longtemps que le mal, l'enfant a fini par croire que tout cela est naturel. Ne faut-il pas considérer un camp de concentration comme un enfer ?, lui demande un journaliste, et il s'étonne, pour démentir. « Tu dois oublier ces atrocités », lui dit-on, sinon tu ne pourras pas revivre, et il répond : « Je n'ai pas remarqué que c'étaient des atrocités [1]. » Peut-on croire que l'enfant confond le bien et le mal ? Ce n'est pas cela. Il est entièrement *désorienté* au sens de « privé d'Orient », désaxé au sens vrai de « sans axe ». Seul au monde au milieu de l'horreur, sans un père comme l'enfant anonyme de *La Route*, il ne sait pas nommer ce qu'il voit ; et pourtant il sent obscurément qu'il a basculé du côté obscur de la vie puisqu'il répond lorsqu'on lui demande ses sentiments, qu'il a de la haine pour tout le monde. Le cauchemar du camp est suivi d'un cauchemar moral : l'enfant a mélangé les catégories, il sait qu'elles existent mais il ne sait plus où il en est à leur égard. L'existence dans les camps a entièrement brouillé les pistes. De même que les gestes de pédophilie sur le temps long de l'enfance ont pour résultat de brouiller les pistes, de mélanger

1. I. KERTESZ, *Être sans destin*, Paris, Actes Sud, 1998, p. 353.

les genres. Ce qui est le plus grand crime imaginable : profaner l'enfance en profanant dans son âme les catégories morales. Les régimes totalitaires sont en premier lieu coupables d'avoir brouillé les repères moraux, emmêlé cyniquement le bien et le mal. C'est pourquoi le grand éducateur Janusz Korczak, qui devait monter volontairement dans les trains de la mort pour accompagner les orphelins dont il avait la garde, disait quand on lui demandait ce qu'il voudrait faire après guerre : « Je voudrais m'occuper de l'éducation des enfants allemands, ce sont eux qui en ont le plus besoin. »

L'enfant est livré aux adultes dans son ignorance et son étonnement, disponible, prêt à accueillir tout ce qui vient. Il sait avant le savoir, qu'un bien naturel existe et que ce bien ressemble à l'amour sous toutes ses formes. Mais il attend que l'adulte lui en dessine les traits, lui propose une figure du bien et du mal. C'est la responsabilité la plus grande. Transmettre un bien inversé et pervers, un mal caché sous les traits du bien, c'est le crime magistral. Mais l'enfant n'attend pas non plus qu'on laisse filer les jugements au fil de l'eau (« je n'en sais rien », « je tolère tout », « débrouille-toi tout seul »). La transmission morale consiste à tracer le visage particulier d'un bien universel, face auquel l'enfant reste hagard tant qu'il n'a pu lui donner un nom. Il faut ajouter que la conscience morale individuelle est d'autant plus importante à cultiver que l'enfant vivra dans un régime de liberté. Ce n'est pas l'État ici qui lui dictera ses choix, ni le Parti. Reconnaître et légitimer la conscience personnelle, exige pour l'éducateur le chemin difficile de la transmission suivie du renoncement : je ne suis « que » ton père ou ta mère, pas ta conscience.

La trace

L'enfant apprend ainsi très tôt de quoi il peut répondre dans le temps culturel et dans l'espace familial. Il a des devoirs à sa mesure, dont le respect lui attire la première reconnaissance. Traité seulement comme le roi auquel on doit tout, il ignorera toujours ce qu'est la responsabilité.

Une vision erronée de la responsabilité prétend que nous ne devons répondre que de l'objet de nos contrats signés en bonne et due forme. Manière d'affirmer que nous n'avons pas de devoir à honorer que nous ne l'ayons nous-même choisi. Ce serait exact si chacun de nous était sa propre origine. Comme ce n'est pas le cas, nous sommes responsables de bien des affaires et de bien des gens que nous n'avons pas nous-mêmes choisis ; et dont nous devons répondre en raison de la situation où nous nous trouvons. L'erreur consiste à prétendre que si notre liberté première n'est pas engagée, nous ne le sommes pas non plus. Notre personne est pour ainsi dire engagée partout, bien avant que notre liberté malhabile et novice ait pu apprendre à s'exercer. Ceux qu'on aime le plus sont ceux qu'on ne choisit pas, qu'il s'agisse des parents, des membres de la fratrie et de la famille, plus tard de ses enfants. Nul n'aurait idée de dire à un enfant : *c'est ton frère, tu as du mal avec lui, mais après tout tu n'es pas obligé de l'aimer tant que tu ne l'as pas accepté comme frère...* On dira plutôt : *tu as du mal avec lui, cependant c'est ton frère, et tu l'aimes à ce titre, cependant personne ne te demande une affinité élective*. Il est des êtres dont nous avons la garde dans le monde, même sans choix.

La responsabilité personnelle représente la trace que chacun laisse derrière lui. On apprend à l'enfant qu'il a une ombre dans le soleil, on lui apprend aussi que la trace de sa responsabilité le prolonge et le définit, comme une comète sa chevelure.

Décrire la trace que chacun laisse sur le monde signifie décrire sa responsabilité. L'enfant comprend vite qu'il ne se réduit pas à l'expression corporelle de soi ici et maintenant, mais que ses propres traces, laissées par lui sur les autres et sur le monde, font aussi partie de lui. C'est une vision extrême et fausse de l'individualisme que d'ignorer cette porosité entre l'être et le monde – porosité qui fait justement de lui une personne et non un individu, et qui entretient l'exigence de responsabilité en même temps qu'elle explique les cicatrices laissées à l'âme par le malheur.

Rien de plus expressif que les histoires et légendes sur la question de l'ombre, pour raconter le prolongement de l'individu au-delà de lui-même, sa participation au monde et à l'inverse l'empreinte laissée sur lui par l'extérieur. L'ombre, image de soi schématique et ténébreuse qui nous suit partout, a symbolisé selon les cultures le mystère du double inconnu et primordial, qu'il s'agisse de la conscience ou de l'âme. Elle est un double jumeau et cependant séparé, à ce point qu'on peut imaginer – et les écrivains ne s'en privent pas – cette séparation avec la succession de malheurs qui en découlent. Aldebert von Chamisso raconte, au début du XIXe siècle, l'histoire de Peter Schlemihl, l'homme qui a vendu son ombre. C'est bien Satan lui-même qui la lui achète à prix d'or et propose plus tard, sur sa demande, de la lui rendre en échange... de son âme. Finalement, une assez classique et faustienne histoire, ici pour dire qu'aucun être humain n'est privé de ce double inquiétant et capital, et que sans lui, il cesse simplement d'être un homme. L'enfant a déjà une petite ombre ! Sa conscience, avide de savoir où sont le bien et le mal en chaque situation, se développe en même temps que la pointure de ses pieds. Il n'est pas un être irresponsable, auquel il faudrait tout passer parce qu'il est petit. Il peut répondre de choses minimes avant plus tard de répondre des grandes, et l'enfant qui ne répond jamais de rien deviendra un adulte irresponsable.

La panoplie des vocables concernant la transmission marque clairement ces distinctions, souvent inconscientes. Un enfant appelé seulement à obéir à des règles sociales sera *dressé*, sans qu'on fasse appel chez lui à la conscience personnelle, l'interdiction venant toujours de l'extérieur. Un enfant appelé à la responsabilité sera *éduqué* : l'éducateur va s'occuper aussi de cultiver son ombre... Pendant les siècles qui nous précèdent, « l'homme est éduqué, la femme est dressée », distinctions bien évoquées par exemple chez Kant et chez Rousseau[1]. Ce qui est une manière de pensée répandue partout, une sorte de soupe primordiale : les femmes n'ont pas d'ombre. L'iden-

---

1. A. PHILONENKO, *La Théorie kantienne de l'histoire*, Paris, Vrin, 1986, p. 180.

tité ontologique des hommes et des femmes, annoncée par le christianisme, va mettre vingt siècles à se concrétiser dans nos contrées. C'est si difficile à admettre, si loin de ce qu'on a toujours pensé.

Les nouveaux *et la promesse*

En tant que personne, l'être humain est acteur dans une histoire évolutive. L'autonomie de la personne est un outil de création, une condition de nouveauté, une disposition pour améliorer le monde. On ne peut pas dissocier, dans le creuset de la culture occidentale, l'idée de personne et l'idée de progrès. Là où le temps est vu comme circulaire ou comme l'éternel retour du même (à l'origine dans toutes les civilisations, sauf la nôtre), il est naturel que l'éducation des enfants soit une éducation d'initiation, puisqu'il n'y a aucune raison de susciter la liberté de l'enfant pour apporter des nouveautés à un ordre du monde qui revient inlassablement sur son erre. Si nous valorisons le déploiement propre de l'enfant, sa capacité de création autant que sa capacité d'adaptation, c'est que dans cette culture nous espérons un avenir toujours meilleur que le présent. L'avenir porte des espoirs d'amélioration, non parce que l'Histoire serait une sorte de déesse nourrissant l'Esprit hégélien, mais parce que les humains sont capables d'avancer vers des promesses qui leur ont été, pour ainsi dire, laissées en héritage.

La terre occidentale n'est pas enfermée dans les frontières étroites de la condition humaine immémoriale. Elle se donne pour but de la déborder et de la dépasser. Les paroles de Paul de Tarse « il n'y a ni esclave ni homme libre », sont absurdes en son temps, et d'ailleurs on pourrait les traduire en monstrueuse hypocrisie, puisque Paul écrit aussi « esclaves, obéissez à vos maîtres ». Elles sont une promesse à espérer et un but à atteindre. Elles sont à réaliser dans le temps historique.

Dans son ouvrage *La Science Nouvelle*, Jean-Baptiste Vico a bien montré comment l'histoire humaine – ce qu'il appelle l'histoire des nations – a pour projet de concrétiser le droit naturel annoncé et proposé au départ dans les paroles originelles. L'histoire des nations, comme celle des individus, est celle de l'acquisition de la liberté. L'histoire des humains est celle d'un effort ininterrompu d'amélioration comprise comme une émancipation. Un passage d'Ernst Wiechert exprime cela magnifiquement :

> Il faut que les hommes se libèrent de beaucoup de choses, du passé, des forces obscures, des ancêtres, des nations, des races. Dieu ne nous a pas rivés pour toujours aux lois primitives ; il ne nous a rivés qu'aux lois finales, qui sont loin dans l'avenir[1].

Bien que liés à nos enracinements, nous nous sentons appelés par la promesse, nous lui sommes attachés, elle est le sens de notre vie. Nous sommes inscrits dans les traditions parce que notre incarnation passe par la culture héritée, mais nous avons le regard tourné vers un avenir meilleur, et sans cela, notre vie ne vaudrait pas d'être vécue. Parce que nous n'habitons pas un temps circulaire, nous ne vivons pas pour reproduire indéfiniment ce qui est.

Qui réalisera ces promesses ? Les enfants. En ce sens, la transmission est renouvellement incessant du monde.

Quand la vision du temps est circulaire, une nouvelle génération n'a pas grand-chose à apporter de plus :

> Réfléchis, par exemple, aux événements du temps de Vespasien, voici ce que tu verras : des gens qui se

---

1. E. WIECHERT, *Les Enfants Jéromine*, Paris, Calmann Lévy, 1948, p. 810.

> marient, ont des enfants, sont malades, meurent, font la guerre, célèbrent des fêtes, font du commerce, labourent, flattent, font les arrogants, soupçonnent, attaquent, souhaitent parfois mourir, gémissent sur le présent, aiment, amassent de l'argent, désirent être consuls ou rois. Passe maintenant à l'époque de Trajan, c'est encore la même chose[1].

Ici l'existence revient toujours sur sa trace, c'est une série de cycles, et bien arrogant qui prétend inventer quelque chose. C'est pourquoi il faut initier l'enfant aux complexités toujours renouvelées de la vie, à travers une transmission qui est un passage de témoin. Si rien ne change profondément, l'initié reproduira toujours à l'identique, peu ou prou. Et puisque apparemment rien d'autre n'est possible, l'initié devra intégrer ce qu'on lui transmet avec respect et certitude, sans distance. Il fera corps avec sa tradition et la défendra sans doute ni faiblesse.

La situation diffère dans la sphère occidentale qui croit au temps fléché, c'est-à-dire au progrès, et qui voit l'enfant comme une personne libre, capable d'autonomie. Ici une éducation d'ini-

1. Marc-Aurèle, *Pensées*, IV, 32.

tiative transmet les certitudes héritées en même temps que l'esprit du doute et l'espoir d'amélioration. Ici l'éducateur est convaincu qu'il n'a pas tout dit ni tout pensé, qu'il n'a pas dit le dernier mot, que l'histoire ne se ferme pas derrière lui. L'enfant est pour nous l'avant-poste et l'avant-garde d'un monde meilleur [1].

La vision du temps circulaire est la plus courante, la plus répandue et probablement la plus instinctive. Et il est clair que, tout naturellement, l'adulte en charge de l'éducation a envie de dire, avec une sorte de satisfaction : « J'ai déjà tout vu, attends d'avoir mon âge et tu verras. » Adopter l'idée d'un temps qui monte, est très exigeant, voire décourageant pour l'éducateur qui, déjà épuisé par sa tâche, accepte en même temps de se voir cloué au pilori par celui qu'il a « élevé » au sens propre comme figuré... Car il faut comprendre que l'enfant apportera, en plus, ce que moi-même je n'ai pu apporter. En tant qu'éducateur, je ne puis lui proposer aucune recette valable-pour-toujours... Puis-je lui indiquer les contours de ce que je considère

1. KANT, *Réflexions sur l'éducation*, Paris, Vrin, 2004, p. 107 : « Ordinairement les parents élèvent leurs enfants seulement en vue de les adapter au monde actuel, si corrompu soit-il. Ils devraient bien plutôt leur donner une éducation meilleure, afin qu'un meilleur état put en sortir dans l'avenir. »

comme la *vie bonne* ? Certes, mais les contours seulement, reliés à la profondeur et non aux formes temporelles si fugaces et aux légitimités chétives – si je tente de l'arrimer aux formes, naturellement changeantes, je ferai de lui un fossile avant l'âge, un archaïque enfant toujours étranger à son monde. C'est pourquoi l'une des grandes difficultés de la transmission consiste à séparer l'accessoire de l'essentiel, faute de finalement sacraliser l'accessoire.

La conviction d'un temps fléché, celui du Salut puis celui du progrès, trouve sa condition de possibilité dans la naissance des « nouveaux » – les Grecs appelaient les enfants *oi neoi*, les nouveaux. Mais non pas de « nouveaux » formés pour accomplir indéfiniment les mêmes antiques gestes et reproduire les mêmes pensées. Des « nouveaux » dotés d'une liberté (ou possibilité de commencer quelque chose de neuf) et d'une conscience personnelle (ou aptitude à juger un acte moral en ultime instance). C'est par eux, et uniquement par eux, que l'espérance se déploie. Car ils ne sont pas « nouveaux » uniquement au sens où ils n'ont pas encore été vus dans les parages. Ils sont « nouveaux » parce qu'ils apporteront, chacun d'entre eux, l'alchimie mystérieuse d'un mode d'être et de penser qui n'a jamais été vu auparavant. Chacun d'entre eux est un prototype inattendu et extraordinaire. Ainsi s'avance la flèche du temps, traçant un chemin insoupçonné. Pour Hannah Arendt, la transmission consiste à conférer à l'enfant la garde du monde qui existe, et aussi à protéger et laisser croître « ce qui est neuf et révolutionnaire dans chaque enfant[1] ».

Pour les adultes vieillissants, il est très difficile de regarder cet inédit pousser à côté d'eux et de le voir proposer d'autres réponses aux questions humaines. L'instinct, le geste naturel consiste à écarter ce nouveau, et sa jactance juvénile, par l'autorité de l'âge et si possible de la sagesse. Les partisans post-humanistes de « la mort de la mort » ont trouvé encore mieux : ils prévoient, au lieu de laisser naître les nouveaux, de faire durer éternellement les mêmes – ce qui mettrait fin à la flèche du temps, car les mêmes ne produiront jamais que du même.

La pente naturelle, la soupe primordiale qui raconte toutes les sociétés du monde, c'est de vouloir transmettre comme on passe un ballon dans un jeu : voici nos traditions, nos croyances

1. H. ARENDT, *La Crise de la culture*, Paris, Gallimard, 1972, p. 247.

et nos manières d'être, apprends par cœur et récite ! Bien sûr, il faut transmettre des contenus, et l'éducateur s'avance en disant à l'enfant ignorant : « Voici notre monde, voici comment nous vivons, pensons et aimons. » Mais à partir du moment où les contenus cessent d'être des mythes pour devenir des vérités, la transmission change. La vérité a cette particularité, aussi paradoxal que cela puisse paraître, d'intégrer le doute sur elle-même. On ne peut pas la *donner*, la *conférer*, car on ne la possède pas et elle nous échappe toujours. Ainsi, dans notre culture en tout cas, la transmission ne consiste pas à imposer des certitudes sur un terrain vierge et par la douce pression affectueuse, comme le croient beaucoup de parents. Elle consiste, au contraire, à partager avec l'enfant l'amour de la vérité, à l'entraîner dans cette quête à la fois risquée et confiante. Prenez la morale : seules les éducations d'initiation peuvent reproduire indéfiniment les mêmes préceptes moraux. Chez nous, on ne peut pas, parce que dans une économie de la vérité, comme le dit Pierre Magnard « il n'y a de morale que provisoire, sinon elle est dogmatique, tyrannique, totalitaire, et elle n'est déjà plus la morale, car la morale doit savoir constamment se remettre en cause, au libre jeu d'un amour qui toujours improvise. Elle doit toujours attendre de l'autre sa seule caution[1] ». Nous ne sommes pas seulement ancrés dans notre histoire, mais aussi portés vers l'avenir meilleur, c'est pourquoi nos certitudes évoluent et changent.

Déjà, la tradition socratique avait vu cela, comme elle avait vu, d'ailleurs, presque tout ce que le christianisme allait plus tard déployer. Si la transmission ne consiste pas à passer des certitudes et des comportements (par exemple) dont nos ancêtres se sont bien trouvés et dont nos descendants se trouveront bien – alors au nom de quoi peut-on ou faut-il confier aux enfants la charge de faire évoluer les certitudes et les comportements ? Non parce qu'on devrait transmettre seulement la liberté de vivre à sa guise, comme le pense la modernité tardive. Mais parce qu'on transmet essentiellement la passion de la vérité, et sa quête. L'enfant scrute le contenu transmis et le passe au crible. Il va peut-être le conserver, mais dans ce cas, ce ne sera pas une conservation, ce sera une reprise à nouveau frais, une réappropriation. C'est ainsi seulement que le savoir transmis peut affranchir au lieu de dominer. Nos

1. P. MAGNARD, Conférence sur la transmission donnée le 20 juin 2015 en l'honneur des 20 ans de l'École éthique de la Salpêtrière. Voir le site : www.lipha-pe.u-pem.fr.

contemporains croient que la liberté ne passe que par le refus de transmission. Mais les choses ne vont pas ainsi, car sans contenu, l'enfant sera vide. L'affranchissement est l'acquisition d'un contenu que l'on se réapproprie soi-même, que l'on passe à l'aune de son propre jugement, que l'on critique et ré-examine.

L'un de mes professeurs a été pour moi un grand contre-exemple. Sa pensée magnifique ne s'est jamais trahie. Elle était fallacieuse et j'ai appris à penser en démontrant la fausseté de ses discours. J'admirais la dialectique et l'élégance de ses raisonnements erronés. Je me suis construite contre lui. Il arrive que des enfants dressent en face d'eux leur père ou leur mère comme contre-modèle. Leur plus cher désir est de ne pas lui ressembler. Ils savent pourquoi ils mettent beaucoup d'efforts positifs dans cette tâche négative. Il n'y a pas lieu de mépriser ces anti-héros : ils ont au moins apporté ce dont on n'a pas voulu. D'autres, par principe ou par lâcheté, n'apportent rien, et cela est pathétique.

La transmission consiste à risquer ses certitudes, à les exposer au grand vent de la pensée de l'autre. C'est bien ce que font les anti-héros, que dans la tâche éducative nous pouvons tous devenir. Ce sont les imbéciles qui imposent leurs certitudes à l'enfant dans l'arrogance de leur infaillibilité. La transmission est la démarche d'un esprit tourmenté, gardien de choses précaires et de contreforts fragiles. Il apporte avec humilité ce qu'il a compris, lui, de l'existence. Il en partage les arguments tremblants. En transmettant il se remet en cause et risque tout. Il sait que ce à quoi il croit ne sera pas identique entre les mains de l'autre, ne sortira pas indemne de ce passage.

Il ne dit pas : « Voici la vérité toute nue, prends-la sans discuter et crois-moi sur parole puisque j'ai vécu plus que toi. » Il ne dit pas : « J'ai fait ce que j'ai pu mais je n'ai pas envie de t'imposer mes croyances, sois libre de tout et remercie-moi de mon silence. » Il dit : « Je t'apporte quelques pépites en lesquelles je crois et qui te rendront fort et heureux, mais ce sont encore des mystères que tu dois creuser et interroger, et je suis sûr que tu feras mieux que moi. » Dans la transmission, l'enfant ne reçoit pas un conseil de destruction, mais de réinvention. Réinventer signifie reprendre à nouveaux frais, c'est le contraire de la table rase et c'est la liberté qui accueille la continuité : nous ne sommes pas l'origine de nous-même, et ne pouvons tout inventer.

En même temps que le don d'un message, le geste de la transmission représente ainsi le leg des questions auxquelles nulle « solution » ne sera jamais apportée. Cette certitude que la vérité n'est pas un trésor enfermé, mais un itinéraire sous forme d'aventure de l'esprit et du cœur, fait de la transmission une exhortation à s'avancer pour ouvrir sa trace.

En confiant le tourment de la vérité, l'éducateur va peu à peu cesser d'être le centre d'où part la parole. Dans les sociétés d'initiation où le mode d'emploi de l'existence se transmet inchangé, l'éducateur demeure quel que soit son âge le roi d'où tout est venu, et il faut attendre sa mort pour trouver un nouveau roi. Mais dans les sociétés d'initiative, l'éducateur dépose ses questions brûlantes au creux du cœur des enfants, et devient vite leur disciple – car ce sont eux qui alors déploient les questions anciennes dans le monde nouveau.

Cette reconnaissance par l'adulte éducateur du caractère totalement nouveau de chaque être nouveau, capable de renouveler le monde, fait grandement partie de l'amour dont la transmission est imprégnée. On sait bien que les enfants, s'ils sont nos œuvres, pourtant nous échappent bientôt. Un travail d'écriture, la création d'une institution ou d'un bâtiment « immortel » – toutes nos œuvres laborieuses, artistiques, professionnelles, ne sont que des images figées de soi. Tandis que les enfants sont les traces libres, images de notre soin et de notre ferveur pour la liberté humaine et pour l'amélioration du monde, parce qu'ils sont nos traces qui réinventent le monde à leur façon et non à la nôtre. Dans les sociétés d'initiative, la transmission est un sacrifice de soi pour faire advenir l'enfant, qui ne forge pas un *futur*, mais un *avenir* dessiné par lui.

Vocation et la valeur de l'existence

La reconnaissance de la vocation de l'autre en général, et de l'enfant en particulier, est le mouvement même de l'amour. Si l'amour dit : « Je veux que tu sois », il dit en même temps : « Je veux que tu deviennes ce que tu es. » Ce qui signifie : je veux que tu deviennes, non pas l'objet de mon orgueil ou de ma vanité, non pas l'instrument docile et fidèle d'un rang ou d'une famille, mais bien ce que tu es, toi. C'est seulement après avoir repéré et reconnu les talents propres de l'enfant, qu'on pourra l'inciter à les mettre au service de ses communautés d'appartenance. Vouer l'enfant *au service de* – sa famille, l'entreprise familiale, le groupe social –, avant même de savoir qui il est, c'est le nier en tant que personne. C'est aussi se méprendre sur la transmission, qui n'est pas le passage de tâches toutes faites ou d'objectifs déjà constitués, mais la reconnaissance de qualités et l'octroi de moyens pour que l'enfant puisse déterminer sa propre tâche et ses propres objectifs, qui ne sont jamais ceux de la génération précédente.

Lorsque Pindare dit : « Deviens qui tu es en apprenant[1] », il donne à voir qu'il ne suffit pas de laisser croître les capacités que l'enfant possède sans les connaître encore. Ce serait valable pour les plantes ou pour les animaux, qui ne peuvent pas, au cours de leur vie, devenir autres que ce que, précisément, ils sont au départ. Mais nous sommes des êtres libres, historiques, et au départ peu déterminés : à ce titre capables de bien des métamorphoses, heureuses ou non. Pour décider de ce que nous allons faire de notre liberté, il nous faut d'abord savoir de quels atouts nous disposons par nature. Autrement dit, notre statut d'êtres libres nous impose la connaissance de soi pour agir.

Il s'agit pour l'enfant de devenir ce qu'il est en apprenant peu à peu de quoi il est capable et où se trouve sa propre volonté. L'enfance serait le temps où l'on apprend à se connaître soi-même : « Que l'on devienne ce que l'on est suppose que l'on ne pressente pas le moins du monde ce que l'on est[2]. »

1. PINDARE, 2e *Pythique*, v. 72.
2. F. NIETZSCHE, *Ecce Homo*, Paris, Gallimard, 2012, p. 129.

> Lorsque j'eus seize ans et que nous lûmes en classe le *Lachès*, j'ai conçu le projet, ou le souhait, de passer ma vie à lire Platon et d'élever des lapins à la campagne, tout en gagnant ma vie comme receveur des postes [1]...

Dans son accomplissement l'enfant va rencontrer de multiples résistances. Le talent consiste, non seulement à comprendre qui on est, mais aussi à surmonter les épreuves pour le devenir. Les résistances foisonnent, et le plus souvent elles proviennent des préjugés sociaux, qui enferment les enfants dans des rôles, les consacrant ainsi à des projets collectifs sans se préoccuper de leur vocation propre – et niant d'ailleurs, le plus souvent, l'idée même d'une « vocation ». On déplore souvent, avec raison, que nombre de métiers aient été interdits aux classes modestes pour des raisons financières et de rang social. Mais dans les classes bourgeoises, jusque récemment, il était impossible à un enfant d'avouer une vocation pour un métier manuel, physique, artistique. Et les préjugés sont analogues quand, aujourd'hui, on pousse systématiquement en section scientifique les enfants doués, même s'ils

1. L. STRAUSS, Pourquoi nous restons juifs, Paris, La Table Ronde, 2001, p. 122-123.

affichent une franche vocation littéraire. La vanité sociale change de contenu mais conduit toujours les choix. Que cela se passe dans des sociétés holistes, où l'individu n'a pas d'autonomie et où la notion de personne n'existe pas, n'a rien de surprenant : les enfants y sont destinés à faire briller autant que possible leur famille ou leur clan, et non à déployer leurs dons. Mais dans notre culture et dans nos sociétés, c'est incohérent : on ne peut à la fois afficher une croyance en la personne et asservir l'enfant à un clan ou à une mode. Nous le savons bien, puisque même lorsque par instinct naturel nous asservissons l'enfant à nos préjugés, nous prétendons pourtant ne penser qu'à sa vocation, comme le vice rendant hommage à la vertu et la légitimant.

L'espérance qu'un enfant peut porter au sujet de son propre avenir, dépasse tout ce qu'on peut imaginer, et c'est une chose que les adultes ne racontent guère. Dans la plupart de ses romans, Charles Dickens dépeint un enfant nourri d'espérances – qui est sans doute son propre portrait. Littéralement gros d'espérance, comme on dit qu'une femme enceinte est « grosse ». Il ignore exactement ce qu'il attend, mais il sent remuer en lui des attentes folles. D'autant plus folles que rien dans sa vie présente ne présage un avenir magnifique. Son quotidien est médiocre, sa condition laisse penser avec certitude qu'il ne quittera jamais la maison, l'atelier, l'usine où le destin l'a jeté. Mais il sent en lui d'obscurs commencements. Il s'agit à la fois de capacités et de volontés. La capacité sans la volonté ne donne rien, sinon la mollesse de talents insultants parce que négligés. La volonté sans la capacité ne donne rien, sinon des fanfaronnades ou bien des apparences. Il sent en lui l'élan par lequel on franchit les mondes. Il se demande comment cela pourra s'accomplir, doute de lui, se traite de rêveur et de marcheur à l'étoile, et parfois désespère. Mais sans calcul et comme par une sorte de persévérance clandestine, il s'obstine à tisser des choses ténues et inutiles qui augureraient de sa vie d'après. Il se prépare, tel un lutteur, à sauter dans l'arène, mais lui c'est sans savoir à quoi s'attendre. Il ignore ce qui grandit en lui, et se demande quand et comment *cela* viendra au grand jour. Il sait qu'il n'a pas seulement un futur, mais aussi un avenir, un temps surprenant pour lequel il se tient disponible avec ferveur.

On a vu tant d'enfants aux espérances étouffées par les préjugés ou par la jalousie des adultes. On a longtemps considéré que les filles avaient un futur mais pas d'avenir. Et souvent, l'enfant qui nourrit des espérances d'avenir est tenu pour prétentieux par ses éducateurs. Il se terre alors dans le secret de son attente et l'entretient en cachette. Il arrive qu'il la fasse advenir hors de tous les regards, et qu'il devienne un autre alors que tous croient qu'il est resté le même. Le désir d'avenir est chaque fois un mystère à sauver. Vouloir le murer, c'est un rapt d'être.

Une vocation bafouée, non reconnue par l'entourage, voire ridiculisée, peut susciter des chefs-d'œuvre de volonté inébranlable et de persévérance, le plus souvent dans un profond secret. Franz Kafka, dont le goût pour la littérature était ouvertement méprisé par son père, passa toute sa courte vie à écrire pendant les nuits des œuvres non publiées. Pendant le jour, il s'acquittait d'un gagne-pain assommant, un peu comme la couverture d'un espion. Est-ce la certitude de cette passion jamais reconnue qui l'incite à demander à Max Brod de brûler après sa mort tous ses manuscrits ? Accomplir sans bruit, tel est le mot d'ordre de la vocation dédaignée par l'entourage. Celui qui n'est pas né à la bonne place et nourrit néanmoins de grands espoirs, se voit ainsi assigner un destin d'agent secret. Il souffre de vivre dans le silence – mais sa passion peut survivre à tous les découragements, parce qu'il sait que l'âge venu, l'enfant qu'il était reviendra et surgira devant lui en demandant : « Qu'as-tu fait de mes rêves ? »

Une difficulté inverse peut surgir : la vanité et l'ambition de l'individu ont tendance à le conduire vers des chemins trop ardus pour lui, où il va se perdre plutôt que se trouver.

> Devenir ce que l'on est sans plus [...] ce devoir est très ardu, oui, le plus ardu de tous, ne serait-ce que pour cette raison justement que chaque homme a un fort penchant naturel à être quelque chose d'autre et de plus[1].

C'est ici qu'intervient souvent la fanfaronnade des éducateurs : ils surestiment l'enfant et le jettent dans des voies sans issue. Ils décrivent les capacités de l'enfant non pas au regard de l'observation, mais à partir des capacités des ascendants familiaux – les gènes sont tout et « bon sang ne saurait mentir » –, ou bien à partir de la saga familiale – chez nous, on est médecin, ou polytechnicien –, ou encore à partir de leur propre désir – tu feras ce que j'ai échoué. Dans les sociétés holistes, chaque

1. S. KIERKEGAARD, *Post-Scriptum aux miettes philosophiques*, Paris, Gallimard, 1941, p. 85.

enfant vient vaillamment incarner un maillon impersonnel de la grande chaîne familiale. Mais satisfaire l'ambition ratée du père ou le désir secret de la mère, cela ne correspond aucunement à une société qui prône l'épanouissement de la personne.

Encourager une vocation ne signifie pas viser la grandeur mais viser le plein déploiement d'un être, à commencer par l'essentiel. Les vocations sont agressives et porteuses de malheur quand elles sont dirigées par l'ambition – et surtout celle des parents ! – plus que par les capacités. La surestimation de l'enfant, qui incite les éducateurs à le conduire vers des voies trop difficiles pour lui, est la cause principale de l'épanouissement égoïste. Tout épanouissement de soi peut à coup sûr être considéré comme égoïste lorsque l'effort à déployer est si grand, au regard des trop faibles capacités, qu'il faudra pour parvenir au but non seulement que le sujet s'épuise lui-même, mais aussi qu'il épuise tout son entourage. Il arrive souvent qu'une belle carrière soit le corollaire d'un complet assujettissement familial, parce que l'individu en question n'avait pas assez de capacités pour réussir sans sacrifier aussi les autres, et a dû brader dans l'aventure jusqu'à ses devoirs les plus élémentaires. « L'ambition dont on n'a pas les talents, est un crime[1] », dit Chateaubriand, un crime parce qu'il faut, pour l'honorer, piller le temps, le talent et le dévouement des proches. Mieux vaut donc être toujours plus grand que sa tâche, ce qui demande sans conteste une forme d'humilité, parce qu'on place la barre de l'ambition moins haut quand il faut faire la part du devoir d'état – ainsi, dans l'histoire des grands écrivains, Jean-Baptiste Vico ou Galilée, qui écrivaient immergés dans le souci familial et le tumulte des enfants.

Plutôt que de parler de « devoir d'état », notion désuète et peut-être mal comprise, on peut le dire autrement : nous sommes tenus d'accomplir notre vocation d'homme avant notre vocation professionnelle, artistique ou autre. Ce qui signifie honorer envers les plus proches nos promesses, qu'aucune vocation personnelle ne peut escamoter. Ou encore : la « petite vie » prime la grande, car elle en est partout le répondant et le témoin – et si le témoin disparaît, où sera la vérité qu'il garantit ? Je parlerai plus loin de la *petite vie* selon Péguy.

---

1. CHATEAUBRIAND, *Mémoires d'Outre-Tombe*, t. V, livre XIV, « Lettre à Madame Récamier ».

Où l'on en vient au cœur de l'idée de vocation : chacun est appelé à faire son métier d'humain. Et cela ne coule pas de source. Ce n'est pas instinctif. Cela s'apprend et se conquiert. À l'état naturel, le jeune humain est une bête, très cruelle et très égoïste, avec un éclair d'instinct moral (Kant dit : « la loi morale en moi », mais ce qui est en moi, naturellement et sans apport extérieur, c'est un instinct moral) dans le regard et dans le cœur – qui ne demande qu'à s'afficher, encore faut-il l'accueillir.

« Faire son métier d'homme » (Camus), n'est pas une mince affaire, et suffit à tout. Se comporter en toutes circonstances comme un humain – ne céder ni à la bête ni à l'ange – voilà un dessein véritablement glorieux, que tous peuvent accomplir. Est-ce que cela est identifiable à « savoir vivre » ? Certains accomplissent une vocation grandiose aux yeux de la société, et ne savent pas du tout vivre. Le problème est que trop souvent l'enfant ne grandit pas sous tous les rapports à la fois, et se trouve estropié par une croissance dissymétrique. Devenir adulte signifie acquérir une unité nouvelle. On se rappelle le personnage ridicule du Bourgeois Gentilhomme qui avait acquis la richesse et tentait, sans succès, d'acquérir les manières de la classe sociale dans laquelle il avait été propulsé. Dans les pays qui favorisent l'égalité des chances, comme la France, d'excellents résultats scolaires hissent au niveau le plus élevé. Et beaucoup de forts en thème, accédant ainsi aux plus hautes fonctions, n'ont pas reçu l'éducation morale correspondante (ce qui explique, probablement, la corruption dans les démocraties, car il faut avoir reçu, pour résister à la gloire, une haute éducation morale, mais ce n'est pas sur ce critère que l'on choisit les gouvernants).

Seulement le *métier d'homme* brille moins que la vocation professionnelle ou artistique ou autre. L'éclat des projecteurs ne vient pas se pencher sur celui qui vit comme un humain véritable. On dit trop peu à l'enfant que justement cela ne va pas de soi. Nous avons tendance à n'éduquer que les cerveaux, comme s'il y avait une sorte de honte à éduquer les cœurs et les âmes.

« Remuer le monde »

La vocation est un destin qui tremble et qui sera l'objet d'un pari. Un enjeu majeur est posé sur la table. L'enfant ne sait pas qui il est. La transmission éducative doit lui permettre d'ouvrir les yeux sur lui-même afin de se déployer comme le peut un papillon. Mais ce déploiement a un but. Il ne se donne pas à la fois pour commencement et pour fin. Quel est donc son sens ? Une « vocation » a un sens si nous croyons être appelés à la garde du monde, si nous croyons que le monde culturel dans lequel nous plongeons des racines profondes, et le monde humain en général, a besoin de nous pour vivre et prospérer.

Accomplir sa vocation revient sans doute à « devenir ce que je suis », et pourtant la vocation est un appel à sortir de soi pour mettre ses talents au service d'une communauté d'appartenance. D'une manière générale, on ne déploie un talent propre que pour enrichir le monde. La vocation d'homme consiste à prendre le monde en charge, à commencer par les plus proches. Aucune culture dans le temps et l'espace n'a jamais trouvé autre chose que ce rôle de sentinelle pour un humain normalement disposé.

Celui qui veut seulement que l'enfant soit heureux, au moins à court terme, peut en faire un parasite. Car la responsabilité ne rend pas forcément heureux. Elle apporte de la joie plus que du bonheur. Elle grandit plus qu'elle ne contente. Le grandissement se fait par la responsabilité du monde. En donnant pour but ultime : « être heureux », il n'est pas sûr que l'âge postmoderne soit capable de façonner vraiment des adultes. Non pas qu'un adulte ne puisse être heureux. Mais ce n'est jamais pour lui qu'un corollaire, jamais un but. Le bonheur est l'atmosphère inattendue de l'accomplissement d'une vie. Il fait partie de ces choses qu'on ne peut pas rechercher pour elles-mêmes[1].

Dans *David Copperfield* de Dickens, la tante de David, à laquelle on demande avec étonnement pourquoi elle recueille l'enfant abandonné dans

1. Voir mon ouvrage *Les Pierres d'angle*, Paris, Éd. du Cerf, 2014.

le ruisseau et lui offre généreusement une éducation, répond que ses motifs sont évidents : « Rendre cet enfant heureux et utile[1]. » La synthèse est parfaite. Utile signifie ici « salutaire pour le monde ». Un humain qui ne se mettrait pas *au service*, perdrait la connaissance de soi, parce que des talents retournés vers eux-mêmes s'étiolent vite. Révéler les talents ne signifie pas engendrer l'enfant parfait, le premier en tout ; mais plutôt aider l'enfant à utiliser ses talents pour la garde du monde, en un lieu précis qui sera le sien.

À Sowirog, village mis en scène par Ernst Wiechert dans *Les Enfants Jéromine*, l'instituteur examine chaque promotion annuelle en attendant, le cœur battant, d'y trouver l'enfant qui pourra « remuer le monde ». Il ne s'agit pas, évidemment, de conquérir des provinces ni d'aller sur la lune. Mais plutôt « adoucir le sel de la terre et sécher bien des larmes ». L'instituteur économise, des décennies durant, tout l'argent qu'il peut. Il se dit qu'il constitue une sorte de Nobel. Il attend l'enfant du village qui pourra œuvrer pour la justice sur la terre ancestrale. Et un jour, il trouve dans sa classe le dernier des Jéromine, Jons

1. Ch. DICKENS, *David Copperfield*, Paris, Gallimard, 2010, p. 252.

Ehrenreich, un enfant doué à la fois pour la charité et pour l'esprit, exempt d'ambitions mauvaises. Le moment venu, il va abandonner toutes ses économies pour financer les études de médecine de son élève qui, en retour, viendra s'installer au village et y soigner les pauvres. Jons Ehrenreich, encore écolier, n'a pas vraiment envie d'être « honoré » comme son nom semble le prévoir. Il aspire à demeurer paysan près de son père, et la grande ville lui fait peur. Il craint de décevoir. Mais son père l'encourage et il finit par partir.

L'institution des responsabilités

Le nouveau-né est immortel. Quand on le pose dans les bras de sa mère, après son premier bain, il ressemble à ces dieux d'or qu'aucune tempête ne viendra jamais flétrir.

Quand l'enfant comprend pour la première fois qu'il va mourir, il perd sa plénitude océanique. Il devient pour de bon un humain : les animaux eux aussi, meurent, mais ils ne le savent pas.

Plus tard, il va comprendre qu'on ne meurt pas en une fois, et d'un seul coup. Les choses se passent autrement. On meurt tout au long de la vie. Très vite, très tôt, il faut commencer à abandonner du lest au bord du chemin. Question de survie. Comme un alpiniste qui au départ aurait trop chargé son sac : sans sacrifier périodiquement une partie de son matériel, il n'arrivera jamais au sommet. Nous avons toujours plus d'espérances, plus de volonté, plus d'imagination, que nos capacités n'en peuvent porter. Nous voulons charger ce sac de milliers de rêves. Nos forces en supportent à peine quelques-uns. Faire des choix, c'est chaque fois mourir déjà partiellement.

Pourtant, consentir ces abandons successifs est aussi question de sagesse et même d'éthique. Car on peut souvent retarder le moment de se réduire en imposant sa propre charge aux autres. On peut bien refuser de faire les choix et vivre dans l'illusion d'une totalité irréelle, parce que tout sera réalisé à moitié et la totalité reposera sur de grands mots. C'est pourquoi le fringant garçon de cinquante ans qui, en échappant partout à ses responsabilités, est parvenu à éviter tous les choix, se croit très longtemps immortel. La conscience du temps est une responsabilité à laquelle on n'est pas toujours forcé de souscrire.

L'adulte aperçoit son âge dans l'acuité du regard des enfants. L'enfant regarde le vieillard et ressent une sorte de fierté étonnée de sa propre richesse, lui pourtant si faible et dépendant. Il éprouve une *compassion existentielle*, alors que le vieillard en face de lui ressent une *envie existentielle*[1]. On

1. Ces expressions sont de T. PAULMIER dans sa thèse : *Les Fondements émotionnels du politique, essai de théorie politique*.

n'est jamais riche que du temps qui nous reste à vivre. L'enfant le devine très tôt et très intensément.

L'enfant est inscrit dans une histoire personnelle par la filiation et dans une histoire culturelle par l'éducation. L'importance de la filiation répond au besoin de connaître ses propres origines. L'enfant doit SAVOIR d'où il vient pour pouvoir se construire. L'« enfant trouvé » se façonne des filiations culturelles, il a des parents spirituels qui peuvent remplacer les parents naturels, et pourtant il est rare que ce remplacement soit total. La soif de connaître ses origines provient de ce que l'enfant se sait fini. Il sait qu'il ne s'est pas fait lui-même, qu'il n'a pas surgi du néant. Il connaît intuitivement ses propres limites, qui commencent dans le mystère de sa naissance : il n'est pas son propre tout, il vient d'un ailleurs qui en partie le forge. La quête des origines représente la conscience première de notre imperfection, de notre carence constitutive. Comme un marin parti à l'aventure au-delà de sa terre limitée, l'enfant cherche ses parents et s'il le peut sa généalogie, parce qu'il sait qu'il n'est pas un dieu. Désaffilié, il demeure dégriffé, c'est-à-dire neutre et vide – la vulgate contemporaine le veut capable de s'identifier sans autres repères que ses propres vouloirs, ce qui est une gageure perdue d'avance. Il est sain de *tuer le père* pour affirmer sa propre identité, et c'est tout l'enjeu de l'éducation d'initiative, caractéristique de l'Occident chrétien. Mais tuer le père signifie le dépasser et non pas l'abolir. La postmodernité est une grande fabrique d'orphelins, et généralement d'enfants qui ne savent plus qui ils sont – le terme même d'*identité* est mal famé, c'est tout dire.

La grande pauvreté de l'enfant réside dans son caractère fantomatique : riche de capacités et de virtualités, il ne peut rien sans une incarnation culturelle. Il possède toutes les caractéristiques physiques et mentales lui permettant d'utiliser un langage, mais il faut encore qu'il apprenne une langue particulière, celle de ses parents. Ainsi pour tout le reste. Faute de quoi il demeure, comme Victor de l'Aveyron, un humain raté, et presqu'une bête. La transmission culturelle consiste à inscrire l'enfant dans un monde, afin de faire de cet hominidé un humanisé. Nul humanisé ne peut apparaître dans une culture universelle, car il n'y a pas de culture universelle – toutes sont particulières, en raison de la liberté. Aussi ce monde particulier dans lequel on l'inscrit (langue, coutumes, croyances), représente-t-il bien davantage qu'un vêtement d'emprunt dont on pourrait se débarrasser pour aller courir nu dans les bois. Il est l'atmosphère dans laquelle il a pu devenir un humain, dont il peut changer sans doute – nous pouvons passer d'un univers culturel à l'autre –, mais envers lequel il se trouve nanti d'une dette d'honneur. Incapables de devenir et de rester humains sans inscription dans une culture particulière, nous avons tendance à aimer celle qui nous a humanisés, comme on aime la mère qui nous a bercés. Nous pouvons critiquer notre propre culture afin de la corriger, nous pouvons la désapprouver et en condamner certains aspects. Mais le phénomène de détestation radicale de sa propre culture traduit une perversion assez troublante, qui n'apparaît qu'en Occident à l'époque postmoderne, et dont la durée sur le long terme ne produirait que la mort : les peuples qui survivront à l'histoire ne sont certainement pas ceux qui se détestent eux-mêmes !

Chaque transmission culturelle est donc particulière et relative, que ce soit celle d'une famille ou celle d'une époque. L'enfant est, dès le début, inscrit dans une famille, et aussi inscrit dans une société qui vit à une certaine époque. C'est pourquoi il devient, tout autant que fils de ses parents, fils de son époque. Il arrive que les deux se contestent et se récusent. Une famille de dissidents culturels n'aime pas que son enfant soit le fils de son temps. Élevé « dans une atmosphère de légalité », l'enfant en demeure imprégné, disait Platon[1]. Aristote avait bien vu qu'à chaque constitution, à chaque système politique correspondent des mœurs spécifiques : la démocratie est une culture davantage qu'un système (chose que nous avons bien oubliée lorsque nous prétendons exporter la démocratie partout comme si c'était une clé à molette), et les enfants de l'époque d'Aristote sont, pour ainsi dire, institués citoyens, et se comportent comme tels[2].

L'enfant n'est-il pas surtout fils de son temps, se demande l'écrivain polonais Zagajewski :

> L'époque guette ceux qui vont apprendre à lire et à écrire, elle les attend pour les contraindre à adopter son vocabulaire, son imagination bornée, ses livres et ses films favoris. Les enfants et les chats sont encore libres. Ils ne se servent pas encore de son dictionnaire, ils vivent dans un espace libre. Les chats y resteront à jamais, les enfants seront un jour conduits devant un homme barbu qui leur déclarera : Nous sommes en 1983[3].

---

1. PLATON, *Les Lois*, 625a et 751c.
2. ARISTOTE, *La Politique*, Liv. VIII, 1, 1337 a 14.
3. A. ZAGAJEWSKI, *Solidarité, Solitude*, Paris, Fayard, 1986, p. 37.

Il arrive bien souvent que le temps des enfants soit très différent du temps des parents, parce que les coutumes ont évolué et aussi les croyances.

Ainsi, la transmission culturelle enferme autant qu'elle déploie, et contraint en humanisant. Mystère de la dette impayable, avec laquelle on vit sans l'avoir même contractée et sans pouvoir l'honorer. Nous sommes tous des débiteurs. La transmission consiste à faire de l'enfant un débiteur afin de le constituer humain.

La figure du débiteur est la hantise de notre époque, celle qu'il faudrait absolument détruire – parce que devoir remercier est humiliant, et une époque habitée par ceux qui se croient des dieux ne veut pas s'abaisser. C'est pourquoi l'Europe institutionnelle nie ses origines chrétiennes et ne veut pas en faire état, afin de ne pas devoir se référer à autre chose qu'à elle-même aujourd'hui, abstraite et pure, sans un enracinement qui pourrait la rappeler à l'ordre. Pourtant la dette raconte nos limites et l'au-delà de nos limites, des pays lointains où déjà on parlait de nous. « Il est impossible de ne pas rester juif. Il est impossible de fuir ses origines. Il est impossible de se débarrasser de son passé en souhaitant qu'il disparaisse[1]. » La

1. L. STRAUSS, *Pourquoi nous restons juifs*, p. 21.

dette culturelle nous prive d'une partie de notre liberté, nous impose une cohérence (c'est le *noblesse oblige*). Aussi l'enfant n'avance-t-il pas libre comme l'air au milieu des oiseaux. Dès le premier commencement, il est flanqué d'un sac à sa mesure, chargé de la dette impayable, encore balbutiante, et qui va grandir avec lui. Institué héritier.

L'enracinement ne vaut pas seulement dans le temps, mais aussi dans l'espace, qui est en général celui de la famille. L'enfant trouve sa reconnaissance dans la famille, c'est là d'abord que sont constatés et déclarés ses talents et ses capacités : c'est là, en principe, qu'il est d'abord reconnu, ce dont aucun être humain ne saurait se passer. On peut dire que l'enfant a besoin d'amour et de reconnaissance, les deux n'étant pas du tout identiques, car les parents peuvent fort bien aimer un enfant sans le reconnaître, ou bien le reconnaître sans l'aimer...

C'est dans la famille que s'enclenche pour chaque enfant le début du processus de reconnaissance. Et il s'enclenche par l'affirmation de sa capacité à assumer un rôle spatial dans la famille, selon les besoins et les circonstances. Bien souvent, l'enfant est instauré, institué par ses parents dans un rôle qui à la fois le détermine et d'emblée lui confère la première reconnaissance, fondatrice de personnalité.

Le personnage de Romain Rolland, Jean-Christophe, est établi comme chef de famille à 14 ans. En raison de l'incapacité de son père, ivrogne invétéré et propre à rien vaniteux, en raison de ses talents de musicien qui lui attirent un travail gratifiant, il pourvoit aux besoins de ses parents et de ses frères. Et cependant, il sait qu'il lui faut maintenir la réputation du père, autrement dit, tout faire en donnant l'air de recevoir. Ce rôle exigeant et complexe façonne une personnalité à la fois forte et méprisante. Beaucoup de filles aînées étaient, il n'y a pas si longtemps, instaurées en tant que petites mères de leurs frères et sœurs plus jeunes. Elles étaient ainsi reconnues dans l'acquisition d'une jeune responsabilité, et sur la lancée devenaient souvent, après avoir été la mère de leurs frères et sœurs et parfois de leur père, la mère de leur mari. Ainsi naissaient des personnalités aptes au service et même au sacrifice, souvent dépourvues d'ego et parfois adonnées au ressentiment. La question n'est pas ici de se demander si tel ou tel rôle conféré dès l'enfance serait voué à la critique, parce que néfaste au développement des personnalités. Chaque situation diffère et l'essentiel est que l'enfant soit aimé – mais il est important aussi qu'un rôle familial le reconnaisse d'une manière ou d'une autre, parce qu'il en tirera l'idée qu'il peut être reconnu dans la société. La sociabilité commence là. Cela signifie que l'amour ne suffit pas. Aimer son enfant engage à tout faire pour lui et à se soucier de lui et de ses besoins. Mais le reconnaître engage à valider ses capacités et ses actes. Aimer c'est protéger. Reconnaître c'est demander protection. Or chacun de nous a besoin, non seulement d'être protégé, mais aussi d'être protecteur ; non seulement de recevoir, mais aussi de donner. Cela s'établit dès l'enfance.

Humilité

Faute d'une conscience entière, l'enfant n'a pas encore ce regard sur soi qui fait souvent la vanité.

La conscience est spéculaire : représentation et plus loin connaissance de soi. Intuitive chez l'animal évolué et chez le très jeune enfant, elle se développe chez ce dernier sous des formes sophistiquées. Avant d'être innocent au sens moral, l'enfant manque de conscience. L'innocence a d'abord une connotation morale : elle désigne celui qui n'est pas encore atteint par la faute, une ignorance des catégories du bien et du mal. Mais la première innocence, la plus livrée, et la plus radicale, consiste à ne pas encore se savoir soi-même. Le contraire de l'innocence est la vanité. Ce qui revient à dire que l'enfant est humble par nature.

Très vite, l'enfant sait qu'il existe et se regarde vivre. Mais une sorte de décalage fait que pendant un temps variable – qui se compte sans doute en années –, il a acquis une conscience de soi sans être encore accessible à la vanité. Et non pas faute du regard des autres, dans lequel la vanité s'enracine : car on ne se prive pas d'admirer, parfois sottement, les œuvres enfantines. Mais il y a chez l'enfant une sorte d'indifférence à soi qui peut apparaître comme une humilité primordiale. Voici une petite fille de huit ans qui écrit toutes sortes de récits de fiction. Elle n'a pas besoin de s'isoler. Où qu'elle se trouve, même au milieu d'une société nombreuse, elle tombe dans une sorte de torpeur, et peut rester des heures son crayon à la main. Elle prie de ne pas regarder ce qu'elle écrit. Mais quand elle a fini son texte, quel qu'il soit, elle l'abandonne et l'oublie là où il se trouve. Elle écrit mais elle ne sait pas qu'elle écrit. Elle crée, cela se voit à ses silences et à ses regards de solitude – et très certainement elle doit trouver, le matin en se réveillant, ses personnages assis en couronne autour de son lit. Mais elle n'a pas encore la conscience de créer quelque chose. Elle ne fait qu'abandonner sur le papier ce qui naît dans sa tête, sans le prévoir ni même le vouloir. Elle se débarrasse. Elle sait bien qu'elle existe, et qui elle est. Mais elle ne sait pas vraiment qu'elle le sait. En tout cas pas assez pour s'enorgueillir de l'avantage d'être. La vanité traduit l'enflure du soi qui se sait être. L'humilité représente une qualité d'adulte, d'un adulte qui, guettant l'enflure du soi toujours séduisante, opère un mouvement de refus : il se regarde lui-même tel qu'il est en substance et sans considérer les apparences grandioses qui pourraient aussi le définir.

On peut dire que l'enfant est humble par nature parce qu'il n'a pas encore conscience d'une substance propre qu'il pourrait valoriser, quand même il en a déjà une. S'il existe des enfants vaniteux, c'est par un entraînement et un mimétisme de famille – certaines familles sont entièrement portées par la vanité et la lèguent au berceau. Lorsqu'Aristote parle du désir de supériorité propre à la jeunesse, il ne parle pas des enfants mais des jeunes gens [1]. L'enfant a le sentiment de sa faiblesse, il se sait en état d'infériorité, et à moins d'avoir été gâté par la fable de sa propre magnificence, il se tient au bord du cercle des adultes en écoutant ce qu'il sait ne pas comprendre et en essayant maladroitement de faire, avec modestie, ce qu'il sait ne pas maîtriser.

L'humilité, dit Bernard de Clairvaux, consiste à se regarder soi-même dans sa vérité première, c'est-à-dire dans sa nudité – nous ne sommes

1. ARISTOTE, *Rhétorique* II, 12, 1389a10.

rien[1]. Il s'agit donc, pour un adulte, de tenir pour rien tous les attributs construits et conquis, de les regarder pour ce qu'ils sont – soit pour des apparences –, afin de remonter au noyau de l'être.

Pourtant, l'individu n'est pas complet non plus sans ses attributs, sans cet enracinement dans le construit qui le forge et le fait exister. Qu'est-ce donc que ce noyau auquel accède l'esprit humble ? Existe-t-il même, si l'on pense que c'est bien l'existence qui nous fait, avec ses constructions ? C'est en regardant l'enfant que nous pouvons le savoir. Il est humble par nature – à moins d'avoir été pourri par l'éducation – et pourtant il n'est pas rien. Est-il composé de virtualités et d'espérance ? Sans doute. Mais il est d'abord un humain, inscrit dans une condition. Et c'est cela d'abord qu'exprime l'enfance, ce socle universel et inévitable, qui sera ensuite noyé dans les entreprises et les constructions personnelles, souvent destinées à le gommer. Car chacun, par ses œuvres d'adulte, cherche bien souvent à masquer sa propre incomplétude et sa condition d'homme fini, à écarter, par des exploits, la mortalité (Achille !), à oublier, par les passions et l'aventure, la lourdeur de l'existence

1. BERNARD DE CLAIRVAUX, *Traité des degrés de l'humilité*, IV, 15.

empêtrée. Noyé dans le flot de l'action qu'il mène pour concrétiser ses rêves ou pour conforter l'existence quotidienne, l'individu oublie qu'il est fini et incomplet, ou bien il l'occulte pour échapper au malheur même de sa condition. La vie de l'adulte est un *divertissement* au sens pascalien, elle permet de se détourner de la réalité essentielle. Le temps est occupé à grandir et à faire grandir les œuvres, même petites. Et l'affairement qu'il faut y mettre masque notre fragilité sans secours. L'enfant, lui, n'est affairé par aucune œuvre. Il ne fait que vaquer à des apprentissages. Non seulement il n'a aucune puissance, mais il n'est même pas empli par l'attente de la puissance. Son souci, son temps tout entiers sont saturés par le jeu et l'apprentissage, activités trouées, à la fois pleines de sens et vides d'ambition. Déchargé, ou plutôt pas encore chargé de l'angoisse de faire et de vaincre, non encore occupé de la description jalouse et propice de son soi, il rencontre à chaque moment son incomplétude.

Émerveillement

L'enfant est vierge et directement inscrit dans la condition humaine, avant de l'être dans des codes ou comportements ou croyances culturels et sociaux. Il est à la fois ignorant (du point de vue du savoir) et innocent (du point de vue moral). Et dans cette situation, son élan naturel va à l'émerveillement devant le monde, et à l'admiration de ce qu'il n'est pas. Il est ignorant et son plus grand désir est de ne plus l'être : le monde l'intéresse au plus haut point – il veut s'y inscrire, d'une ferveur passionnée. N'ayant pas de forteresse personnelle à défendre ou à comparer, il regarde partout. L'étonnement devant le monde requiert une acceptation de sa propre ignorance (c'est la philosophie). L'émerveillement requiert l'humilité comme qualité morale.

L'adulte est facilement blasé, revenu de tout, parce que voulant ici comme ailleurs échapper à la finitude, il mime la connaissance universelle.

Ainsi, l'enfant croit facilement que devenir adulte passe par le désabusement, voire le dégoût, des choses importantes. En effet, c'est se montrer grand que de tout voir petit ! S'émerveiller, c'est s'abaisser. C'est pourquoi il est de bon ton de ne pas s'étonner (comme on le voit, par exemple, dans une scène inoubliable du film de Claude Lelouch, *Itinéraire d'un enfant gâté*), on apparaît ainsi comme un individu savant et éclairé.

L'admiration est la fleur ardente de l'humilité. Elle signifie que l'enfant est disponible, prêt à recevoir. Il abrite l'enthousiasme et la conscience de la grandeur du monde, que les adultes ont cru bon d'égarer. Sa ferveur naturelle devant un monde énigmatique et obscur, lui ouvre des portes à jamais fermées à l'adulte – l'innocence est la seule chose qui ne se donne jamais deux fois. On comprend avec acuité cette ferveur dans la situation la plus critique : celle de l'enfant Imre Kertesz dans le camp de la mort. Il a fort bien compris ce qui se passe dans le camp, et cependant il demeure capable de s'étonner devant le moindre détail et de découvrir dans cet univers effrayant des sujets d'admiration. Il manifeste une ingénuité, une spontanéité, et même une insouciance dont nous aimerions connaître un seul éclat. Il se trouve dans l'antre de l'horreur, et cependant disponible, livré, prêt à accueillir ce qui passera (on ne sait jamais) de louable et de pur.

C'est pourquoi il n'y a rien de si ravageur que la posture qui consiste à désillusionner, à rabaisser ce qui est grand. Il n'y a rien de meurtrier comme de dégrader l'admiration d'un enfant, par la dérision, le ricanement, le mépris de tout. Ou simplement par cette *affectation d'indifférence* dont parle Dickens :

> – Les journaux parlent avec grands détails d'un assassinat, Monsieur. Mais on assassine toujours quelqu'un, et je n'ai pas lu.
>
> Une affectation d'indifférence à l'égard des actes et des passions de toute l'humanité n'était pas alors considérée comme aussi distinguée qu'elle l'est devenue par la suite. Certaines belles dames ont adopté avec tant de succès cette attitude et aussi certains messieurs de ma connaissance qu'ils auraient aussi bien pu être loches de naissance[1].

L'enfant ressent cette tristesse de voir dégrader le monde, dont parle Wiechert dans *Les Enfants Jéromine* : quand Jons, l'enfant de la campagne, arrive dans une école de la ville,

---

1. Ch. DICKENS, *David Copperfield*, p. 583.

> ce qui lui pesait le plus, c'était de les voir enclins à la raillerie, qu'on lisait en leurs yeux et en leurs paroles. Elle ne pouvait, croyait-il, procéder que d'un cœur insensible, et il était effrayé de constater qu'elle n'épargnait pas non plus ceux qui souffrent, ni les faibles, ni les gens ivres, ni les vieillards, ni les malheureux en détresse [1].

« Ne jamais s'émerveiller » : mot d'ordre de l'indifférence et puis du dénigrement de tout – signe de décadence. La vraie vie – une vie humaine –, laisse place à l'admiration. L'enfant le sait d'instinct. En ce sens, la naïveté et l'enthousiasme des premières années représentent une sorte de modèle, et pas seulement une nostalgie, pour l'adulte. On peut croire que l'adulte est contraint de travestir son rapport au monde afin de se protéger contre le mal et la souffrance. L'admiration, élan naturel d'un esprit ou d'un cœur qui aime plus grand que soi, peut avoir cette conséquence d'affaiblir celui que l'environnement sans cesse expose. Celui qui s'étonne et admire, forcément baisse la garde. Pourtant, l'adulte qui se contente de raisonner ou de railler, a perdu quelque chose non seulement d'enfantin, mais aussi de purement humain. C'est payer trop cher la maturité que de

1. E. WIECHERT, *Les Enfants Jéromine*, p. 153.

l'obtenir au prix de l'indifférence permanente. Il est vrai aussi que l'enfant ne peut se permettre le luxe d'être dans le vrai (de sentir sa fragilité) que parce qu'il est protégé par les adultes... Lesquels doivent peut-être se croire tout-puissants pour pouvoir évoluer dans un monde de brutes ? Mais une chose est sûre : si un adulte veut tout à fait rester un humain, il lui faut se rapporter à l'admiration enfantine, et pour ainsi dire admirer cette admiration. La vie indifférente et railleuse que se créent les adultes, répond à une crainte de sombrer, et à un besoin de supériorité. Mais elle ne répond pas à la réalité de ce que nous sommes : des créatures, qui à ce titre ont besoin d'admirer.

Les modèles existentiels

L'enfant n'a pas encore vraiment conscience de sa singularité et il n'aspire qu'à ressembler. Il sent qu'il lui faut imiter pour pouvoir plus tard être soi. La liberté de l'esprit, le caractère propre, sont des choses qui s'apprennent et ne viennent pas d'instinct.

Je vois cet enfant dans le TGV, debout devant la portière et impatienté du retard, sept ans peut-être, un sac sur le dos (un peu trop lourd pour lui ?) complètement immobile depuis longtemps. On attend que le train s'arrête à destination. À côté de lui se tient un jeune homme d'environ vingt ans, vêtu d'un pantalon trop long, le visage romantique et portant à deux bras un énorme sac étiqueté « marine nationale ». Bien sûr, le jeune homme n'a même pas remarqué l'enfant qui, lui, le regarde éperdument, le contemple plutôt, avec des yeux d'admiration sans borne. Cela dure longtemps, puisque le train piétine le long de voies improbables, devant des gares de banlieues qu'on voudrait bâcler, et semble ne jamais devoir arriver enfin à destination. Et pendant tout ce temps l'enfant, debout et portant dans le dos ce sac trop lourd, garde le visage levé vers ce jeune homme inconnu, un visage de ravissement et d'émerveillement ; si le jeune homme lui demandait à cet instant de partir avec lui pour aller piller une banque, l'enfant sûrement le suivrait au bout du monde.

Il faut croire que l'image d'un jeune adulte enviable suscite un secret désir de grandir et de grandir en ressemblant. L'enfant admire très naturellement parce qu'il sait qu'il lui reste du chemin à parcourir. Nous admirons si peu parce que nous croyons faussement que nous sommes arrivés à destination. L'enfant est capable envers ses éducateurs d'une vénération qui tient de l'amour fou et du besoin d'identification. Il lui faut la présence même sans phrase. Il se colle aux adultes et les agace, quand ils sont ensemble il rode sans cesse au milieu d'eux, sans but, juste pour les observer passionnément. Le soir, quand on le couche, il supplie qu'on reste encore, qu'on ne le laisse pas seul. Et, comme dit M. Montessori : « L'adulte passe à côté de cet amour mystique sans s'en apercevoir [1]. »

---

1. M. Montessori, *L'Enfant*, p. 203.

On se souvient comment on donna au jeune Télémaque la figure d'Oreste comme modèle à imiter : la force de la vengeance[1]. La vie des héros réels ou mythiques agissait comme référence. Les modèles existentiels fournissaient des parangons complets et dessinés jusqu'aux détails. L'enfant pouvait imiter. On ne s'invente pas soi-même. Ou du moins on n'invente pas grand-chose. Le petit d'homme a besoin des adultes pour lui apprendre à parler, faute de quoi, comme les enfants sauvages, il imitera la langue des animaux qui l'ont adopté. De même, il a besoin de modèles d'adultes pour forger sa personnalité et dessiner les contours de son avenir. Car il n'a pas simplement un futur, une route tracée par ses instincts et ses besoins biologiques ; mais un avenir, un chemin tracé par lui-même à travers sa liberté. C'est justement cette liberté qui a besoin de modèles.

Le rôle éminent joué par les modèles existentiels dans la croissance d'un être, traduit l'importance de son enracinement dans une culture et son incapacité à s'y enraciner sans intermédiaires. L'enfant, au début de sa vie, flotte sans attache encore, mais il est pour ainsi dire attiré par ce

1. W. JAEGER, *Paideia*, p. 61 s.

qui hante tous les humains : il veut le bien, il veut du sens pour sa vie, il veut la relation avec les autres. Tout cela est intuitif, sans prise sur la réalité. Les modèles existentiels enracinent ces élans dans une culture particulière. Télémaque apprend comment la force de l'amour s'exprime par la vengeance du bras armé. Du même coup, la force de l'amour s'incarne et prend à la fois chair et sens. Les modèles existentiels ne sont pas seulement des ponts, ou des passeurs, mais plus encore : des interprètes et des réalisateurs, qui montrent à l'enfant ce qu'un humain peut *faire* pour réaliser les élans essentiels. Ils sont des intermédiaires actifs, producteurs d'être ou, si l'on veut, d'une matière culturelle – la force existe et se manifeste dans la réalité des actes d'Achille ou d'Oreste.

Les *exempla* latins témoignent de la vérité (ou réalité) des valeurs dont on parle souvent sans bien savoir si par hasard il ne s'agirait pas que de mots. La force existe-t-elle sans Achille et Oreste ? Sans eux, ne se réduit-elle pas à des vocables creux ? Ces figures hautes en couleur constituent des intermédiaires précieux qui enracinent les valeurs culturelles dans la réalité en montrant qu'elles existent en acte. Nul ne peut vivre sans elles. L'enfant est un humain, à ce titre incarné : il aspire naturellement à la force de l'amour, mais il restera à cet égard dans le néant tant qu'il ignorera les personnages qui la réalisent, même mythiques.

L'imitation comme toute chose humaine comporte ses perversions. L'enfant peut être aliéné par son modèle qui l'empêche d'exister par lui-même, ou peut tomber dans les rets d'un gourou. En ce sens, il est déjà susceptible de toutes les faiblesses de l'adulte, mais plus encore parce que faible et sans forme – c'est pourquoi, à juste titre, nous le disons influençable. Il a tant envie et besoin d'exister, c'est-à-dire de se donner une forme, qu'il adoptera facilement une forme enviable qui passe. Les parents qui refusent (par un discours de tolérance qui cache le snobisme) de guider et d'inspirer l'enfant, peuvent être sûrs qu'il ira chercher dans la rue et n'importe où, le guide et l'inspiration.

Le despote légitime

Cette asymétrie évidente qui montre l'enfant à la fois si faible et si désireux d'imitation, appelle la description de relations redoutables parce que toujours dangereuses. L'enfant a besoin de l'adulte pour être aimé et pour se construire, et dans sa faiblesse, il est entièrement à sa merci. On pense couramment que l'amour suffit à conjurer le caractère menaçant de cette relation.

Le pouvoir que les éducateurs ont sur l'enfant est de nature despotique. Il faut entendre ce mot ici, non pas dans le sens que lui donne l'usage courant (autorité excessive et arbitraire, mauvaise), même si on peut en arriver là, mais dans le sens premier que les anciens Grecs avaient analysé avec tant de finesse. Le *despote*, mot grec, est le maître de maison, si l'on entend par là une maison comme famille élargie et activité de production ; donc nantie de personnes diverses à statuts différents : les parents et les enfants, mais aussi les grands-parents et collatéraux, et les domestiques-esclaves. Les Grecs établissaient, selon leur culture propre, qu'il existait des différences *de nature* entre le père et la mère (une femme vaut à peu près une moitié d'homme), entre le père et les enfants (tant qu'ils ne sont pas arrivés à l'âge adulte), entre le père et les esclaves (qui sont des ombres d'homme). Partant de ces présupposés, le maître de maison était un despote, autrement dit quelqu'un dont le gouvernement se justifiait *de nature*, par la légitimité d'une supériorité *naturelle*, donc sans discussion et sans justification non plus. Les anciens, et Platon surtout, établissaient des comparaisons instructives entre le despote-maitre-de-maison et des corps de métier aux rôles faciles à comprendre. Platon le comparait au médecin, ou au berger. Il y a une supériorité de nature entre le berger et ses moutons, et il est donc normal qu'il leur commande. Il y a une supériorité scientifique indiscutable du médecin sur son patient, ainsi il serait aberrant que celui-ci discute ses prescriptions. Et de la même façon, le maître de maison commande légitimement à tous ces inférieurs (qui le sont pour diverses raisons, selon qu'ils sont sa femme, ses esclaves ou ses enfants). Ses commandements peuvent paraître arbitraires, mais comme c'est lui qui possède la raison des choses, il connaît le bien de ses subordonnés mieux qu'eux-mêmes ne le connaissent, et ils ne peuvent même pas mesurer s'il y a arbitraire ou non.

L'infériorité des femmes et des esclaves n'a plus de sens aujourd'hui en Occident, mais l'infériorité des enfants, qui n'est pas culturelle mais constitutive de notre espèce, existe bien. Elle est provisoire évidemment, mais elle est. L'enfant ne connaît pas son propre bien et il lui faut le recevoir aveuglément de ses éducateurs, tant qu'il n'est pas en mesure de le penser par lui-même. Ainsi, l'autorité des parents sur l'enfant est légitimement despotique.

Il n'y a rien de pire qu'une autorité sans garde-fous, laissée à un seul et dénuée de contrôles extérieurs. Les excès auxquels peut se livrer cette autorité hors contrôle, sont inimaginables. Toutes les cultures confèrent au père de famille un pouvoir immense, dont les limites sont seulement fixées par la morale, donc livrées à son bon vouloir. En Occident, à la fin du IVe siècle, la loi civile retire au père de famille le droit de vie et de mort sur ses enfants. La modernité occidentale a inventé des réponses diverses et parfois baroques pour limiter les excès d'une autorité sans limite. Le totalitarisme communiste a tenté d'abolir la famille, moyen radical pour abolir l'autorité du père de famille et la remplacer par celle de l'État. L'épisode de mai 68 a proposé d'instaurer la démocratie dans la famille, considérant les enfants comme des citoyens à part entière et oubliant leur immaturité, ce qui a provoqué un désastre éducatif. D'une manière générale, avec plus ou moins de bonheur ou d'intelligence, nos lois permettent de retirer aux parents l'autorité sur leurs enfants quand ils en abusent. Il faut dire aussi que l'autorité désormais partagée du père et de la mère a permis de limiter les abus : la domination d'un seul ego est toujours porteuse de débordements si rien n'est là pour la restreindre.

Il n'en reste pas moins que l'autorité de l'adulte éducateur sur l'enfant dont il a charge est de type despotique : l'adulte est supérieur en maturité, et connaît le bien que l'enfant mieux que l'enfant lui-même. Beaucoup de jeunes parents n'éprouvent pas forcément la responsabilité immense laissée à un adulte qui a pour ainsi dire tout pouvoir sur un être faible et livré à sa discrétion. Tous les courants de pensée qui défendent le despotisme (et il y en a, au long des siècles, davantage qu'on croit), avancent comme argument majeur la bonté du despote. Puisque les lois ne restreignent pas ce pouvoir, il faut que ce soit la mansuétude et l'indulgence du dépositaire qui le fasse. C'est ainsi que Platon réclamait un sage au pouvoir. Cependant, la mansuétude d'un chef doté de tous les pouvoirs est bien la chose la plus improbable du monde. Il est même probable que l'individu doté d'un grand pouvoir sans partage ni limite, devienne rapidement un tyran. Ce qui était le cas de la plupart des patriarches, même s'il y a un grand nombre de manières, parfois aimantes et douces, de tyranniser.

Comme il n'est pas souhaitable de récuser la famille elle-même, et comme on ne peut pas faire que l'enfant cesse d'être immature et donc de devoir son grandissement à une autorité despotique, seul un progrès des mœurs, suscitant des limitations juridiques, peut en restreindre les excès. Il ne s'agit pas d'espérer le bon despote – vœu pieux –, mais de faire en sorte que ledit despote n'ait plus véritablement de raison de tyranniser.

L'enfant est partout considéré, dans les âges anciens, comme la propriété du père, en tout cas dès que le lien est connu entre l'acte sexuel et l'enfantement. Les hommes, dit Eschyle, regrettent de devoir leur enfant à une femme : « Pourquoi Zeus nous oblige à passer par les femmes pour avoir des fils ? » Afin d'être sûr que le fils sera bien le sien, l'homme surveille la femme étroitement dans toutes les sociétés anciennes (la pédérastie grecque répond à cette impossibilité de trouver des femmes autres que prostituées). La servitude des femmes est liée à la conception de l'enfant comme propriété du père. Dans l'islam fondamentaliste, religion primitive encore en vigueur aujourd'hui, l'homme enferme sa femme pour être propriétaire de son vrai fils.

Un immense progrès de civilisation s'accomplit lorsque les humains commencent à comprendre, non seulement qu'on peut aimer sans posséder, mais que l'amour vrai exclut la possession. À cet égard, on peut dire que si l'autorité parentale est toujours un despotisme (en raison de la différence objective de maturité entre l'enfant et ses parents), ce despotisme a toutes chances de cesser d'être tyrannique et arbitraire quand l'amour pour l'enfant devient « je veux que tu sois ». Disons que les conditions sont posées pour que cette tyrannie si naturelle laisse place à la « douceur » dont parlait Tocqueville à propos de l'âge démocratique.

Considérer son propre enfant comme sa propriété, cela traduit un instinct immémorial, constamment humain, et bien entendu toujours présent aujourd'hui et maintenant, même s'il est remis en cause par les mœurs et les lois – l'importance des cas d'incestes en fait foi : l'inceste est une appropriation, et la plus odieuse; mais il est bien d'autres comportements possessifs, du plus aigu au moins visible. Vouloir posséder son enfant, c'est la pente, c'est le naturel qui revient au galop. Il est grisant pour un adulte en situation d'échec de gouverner ses propres enfants, de compenser la servilité ailleurs par la tyrannie ici.

L'avènement d'une autorité qui confère la liberté, repose sur une certaine idée de l'amour comme « laisser l'autre à soi », et tout cela n'est possible que si les humains sont des personnes. Seule l'idée de personne rend acceptable de voir l'enfant, en raison de son infériorité, plier devant une autorité despotique.

Et l'enfant sait tout cela, intuitivement. Il n'ignore pas à quelle autorité terrible il lui faut se soumettre, discrétionnaire et changeante. Il sait qu'il ne peut compter que sur la bonté du despote, et dans une situation de domination excessive, même sans violence, il s'en sort par le mensonge (arme immuable des gens tyrannisés) et vit dans la peur. Seul l'amour désintéressé (j'entends par là l'amour sans possession, libéré de l'instinct du propriétaire) lui manifeste une autorité vouée à le faire grandir pour lui-même. L'amour désintéressé de l'éducateur se manifeste par son humilité. Il n'est pas égal à l'enfant, il lui est supérieur en raison de sa maturité. Et pourtant il affiche devant lui à quel point il est son égal au plan de la dignité. Il est une personne lui aussi, libre et faillible, consciente de ses propres faiblesses. Il n'est pas le despote sûr de lui et vantant ses certitudes avec des airs de matamore (en réalité le mauvais despote est animé par la prétention, car toujours il prétend être ce qu'il n'est pas). Par son humilité, l'éducateur convainc l'enfant qu'il peut imiter et obéir sans rien risquer – car l'enfant sait que l'autorité ici est toute-puissante. Cela signifie : « Tu es inférieur à moi pour l'instant, mais nous sommes des personnes au même titre, et dès que tu seras adulte, tu seras mon égal ; tu es faillible, mais je le suis aussi. Notre égalité apparaît dès à présent. Tu peux être comme moi, parce que je ne te possède pas. »

Hermann Hesse raconte qu'il avait, dans l'enfance, reçu de son père une forte punition pour une faute qu'il s'obstinait à nier. Le père parti en voyage lui adresse cette lettre :

> Je t'ai puni pour une faute que tu n'as pas reconnue. Si tu l'as tout de même commise et que tu m'aies donc menti, comment pourrais-je encore t'adresser la parole ? S'il n'en est pas ainsi, alors je t'aurais injustement corrigé. À mon retour, dans une

semaine, il faudrait pourtant que l'un de nous deux puisse pardonner à l'autre[1].

Le père ici n'abdique pas son autorité, et pourtant il laisse entendre à l'enfant que l'un et l'autre sont faillibles (parce que libres – en l'occurrence, c'est l'enfant qui a menti). Il peut, en exerçant l'autorité, commettre une injustice, et en demander pardon. Le père qui dit : « étant ton père, j'ai toujours raison contre toi », n'est pas un objet d'admiration. Car l'enfant sait, intuitivement, parce que c'est la vérité toute nue, que le statut de père ne confère en rien la connaissance totale ni le jugement parfait. Et en dépit de la vénération qu'il peut avoir, il reconnaît amèrement l'injustice qui vient de l'objet même de sa vénération. L'enfant voit tout. La minutie de son regard confondrait des cohortes de menteurs. Il voit aussitôt l'incohérence de l'adulte, et se comporte comme un serviteur obligé d'obéir, mais qui voit les failles et se désole intérieurement – parfois se gausse. L'éducateur incapable de lucidité sur soi-même, doit se préparer à être bientôt objet de mépris.

1. H. HESSE, *Mon enfance*, Paris, Éd. Mille et une nuits, 1995, p. 32 s.

Ce que Hesse enfant admire chez son père, c'est la capacité de connaître et de dévoiler sa propre fragilité, même en situation de pouvoir.

Ce n'est pas tant d'intelligence que l'éducateur a besoin pour se reconnaître faillible. Mais plutôt de décentrement et de largeur de vue – ce qu'on pourrait appeler une intelligence de civilisation. On peut se reconnaître faillible si l'on ne se voit pas comme le centre du monde, en dépit de l'autorité dont on est dépositaire.

La petite vie *et le témoignage*

Dans sa faiblesse et sa vulnérabilité intrinsèques, livré qu'il est au soin des adultes, l'enfant développe une intelligence du monde très spécifique. Sans capacité d'influer sur la marche des choses, et tout occupé à grandir, c'est-à-dire à apprendre correctement les simples choses de l'existence, il est voué à la quotidienneté. Sa vulnérabilité même et son immersion dans l'existence sobre et ordinaire (« la vie humble aux travaux ennuyeux et faciles » de Verlaine) fait de lui un artiste de la vérité.

Charles Péguy parlait à cet égard de la « petite vie », et montrait que celle-ci, la vie simple et ordinaire, le redoublement des jours sous la tâche de vivre, représentait la « mer profonde [1] », c'est-à-dire le socle originaire et primordial de l'existence, et au fond sa vérité même. Ainsi tout ce qui,

1. Ch. PÉGUY, dans *Œuvres complètes*, t. III, Paris, Gallimard, 1992, p. 422.

au contraire, pouvait se dire en termes d'ambitions, d'aventures, d'œuvres sociales ou politiques, artistiques, visibles, prendrait sa source dans la « petite vie ». La vie publique, disait-il, s'abreuve à la vie privée et ne tient qu'à elle, et sinon meurt, car la vie privée est la source de tout – nul individu sans enfance, sans famille, maison, parents, éducateurs, enracinement. La vie publique n'est qu'une superficie dont l'origine est ailleurs, une ombre dont la lumière est ailleurs. Si elle se croit seule au monde, elle devient fanfaronnade, fadaise, mensonge. Et si elle se sépare de la « petite vie » pour tenter de mener sa vie propre *a contrario*, elle rompt l'unité personnelle et fabrique un être brisé. Le politique qui trahit dans sa vie privée peut-il convaincre de sa fidélité dans sa vie publique ?

L'enfant est à l'école de la vie privée, de la *petite vie* qui est une thébaïde de l'intime, du refuge, du silence, de l'habitude, du recueillement. Au fond, une école de la vérité, parce qu'à moins de perversion (l'inceste pratiqué dans les chambres secrètes), la *petite vie* se donne telle qu'elle est et, pour ainsi dire, ne possède pas assez pour être double. L'enfant vit dans la vérité parce qu'il ne connaît que la vie privée. Et c'est probablement pourquoi, lorsqu'il a l'occasion d'apercevoir la vie publique avec ses contournements et ses détournements, il crie au mensonge. Il sait d'instinct que la vie privée est au fond la vraie vie, à laquelle l'infidélité est trahison, et que la vie publique de l'adulte ne peut pas prétendre remplacer la vie privée ou la subvertir. Il sait d'instinct qu'une personne se détruit à vouloir les dissocier, parce qu'une existence ne tient que par son unité.

Tout se passe comme si l'enfant était un garde-fou, fragile et symbolique, mais dès lors très puissant, contre les mensonges du « monde » entendu comme milieu superficiel de la construction sociale et de la vanité. L'enfant du président est blessé que son père ne vienne le chercher à l'école que pour la photo. Ce détournement, cette utilisation de la sollicitude qui devrait rayonner par elle-même, il les ressent comme une injure. Nul adulte autour de lui ne ressent cette imposture. L'enfant est en ce sens une conscience qui veille, quoique inaudible. Il repère le duplice et l'incohérent, non par jeu de logique ni puissance du raisonnement, mais par intuition de l'obscur et du fourbe. Il faut à un adulte de lourdes constructions intérieures et de grandes convoitises de plaisir ou de gloire pour parvenir à mener une vie duplice, où le discours affiché contredit la vie privée. Car l'éthique la plus simple et la plus naturelle réclame la cohérence. Et cela, l'enfant le sait.

Un récit très clair de cette incroyable lucidité d'enfant, est celui de Franz Kafka au sujet de la religion héritée. Dans la *Lettre au père*, on voit le père exhiber une pratique religieuse littéralement vidée de sens, accomplir des gestes auxquels il ne croit pas[1]. Recouverte par des gestes non pas hypocrites, mais coutumiers et rituels, cette incroyance ne se sait pas elle-même. Et cependant l'enfant la repère et en souffre comme d'une blessure : on le trompe ! Privée de sa vérité – c'est-à-dire de son inscription dans la simple ferveur –, la foi religieuse a été réduite en fumée. D'où la description par Kafka d'un monde privé de sens, dans lequel la transcendance s'est enfuie et est devenue introuvable : il ne reste plus que le désespoir de son absence. Car la transcendance a laissé des traces : les prières et les rites vides du père, des énigmes sans réponse. Le père est juste capable d'ouvrir au désespoir du Dieu mort.

Devant un enfant, aucun mensonge ne résiste et voilà pourquoi dans le conte c'est un enfant qui annonce que le roi est nu. Inutile de mimer la ferveur. Ce n'est pas que l'enfant ait un discernement si aigu, de celui des juges et des saints. Mais

1. F. KAFKA, *Lettre au père*, Paris, Gallimard, 1957.

il est doté d'un regard si profond et perspicace qu'il sentira l'absence de ce qui se prétend.

La transmission ne s'opère que par témoignage direct, et jamais par le seul discours porteur de normes. Des familles qui transmettent une morale superficielle, copiée, répétée, non maîtrisée, non réfléchie à nouveau frais selon le temps, non digérée... peuvent être sûres qu'elle sera abandonnée par leurs enfants. Les milieux qui, dans les Trente Glorieuses, avaient accompli un saut social presque dans le vide (comme ces ouvriers devenus petits commerçants, par exemple la famille d'Annie Ernaut, thème de la plupart de ses ouvrages), avaient bien conservé leur morale, mais vitrifiée, et comme à l'état solide, sous forme de principes jamais interrogés, sans doute parce que dans l'immense rupture de leur vie, on n'avait pas eu le loisir d'y penser. On répétait les préceptes anciens sans se demander à quoi ils servaient et comment ils pouvaient franchir le temps. Les enfants se sont débarrassés de ces préceptes comme on quitte un vêtement d'artifice (« fantôme », « bagatelle », « plaisanterie », dit Kafka[1]). Ils avaient compris que la vérité n'était pas là.

1. *Ibid.*, p. 61.

Ainsi apparaît une contradiction. L'enfant manifeste un ardent besoin d'imiter, afin de donner à son être encore incertain une forme enviable. Mais il recule d'instinct devant la duplicité qui lui présente un miroir brisé. Il ressent concrètement l'hypocrite et le faux. Ainsi, quand il se trouve dans l'incapacité de nommer un adulte référent comme modèle de sa propre existence, il va au moins le désigner comme anti-modèle. Nombre de vies d'adultes se forment ainsi dans l'opposition, et même sous le signe de la répugnance. Pour pouvoir fonder une famille, dit Kafka, à bien te regarder il me fallait « de la force et du mépris pour les autres, de la santé et une certaine démesure, de l'éloquence et un caractère intraitable, de la confiance en soi et de l'insatisfaction à l'égard de tout ce qui n'est pas soi[1]... » Certain de ne pas posséder ces caractères ou de ne pas vouloir les posséder, Kafka ne fondera aucune famille. Il précise avec raison qu'il aurait pu observer autour de lui des hommes différents – oui, mais le modèle d'un garçon, c'est le père. Il y a des modèles existentiels qui s'imposent – on sait l'immense influence que peut avoir sur un enfant la présence d'une personnalité calme, indulgente et honnête. Mais, souvent, l'imitation

1. *Ibid.*, p. 93.

se décide *a contrario*, et les anti-héros sont des figures éminentes, qui marquent les époques. La figure du patriarche à l'époque de mai 68, qui n'est rien d'autre que celle du père de Kafka, a marqué un tournant historique. Cette figure représentait celle de la plupart des pères de famille à l'époque où ils disposaient d'un pouvoir personnel total (parce que les femmes étaient encore considérées comme immatures). Les années soixante-dix du XXe siècle sont simplement le moment où ce héros devient un anti-héros, pour toutes sortes de raisons décisives, la raison essentielle étant probablement le dégoût de la force et de l'autorité discrétionnaire, après les deux guerres mondiales et les deux totalitarismes. L'enfant se façonne aussi par le refus. Il imite avec ferveur et récuse avec passion.

Le recueillement et la contemplation

Grandir est un mûrissement, lent processus du devenir – mystérieux parce que lié à tant de facteurs polyphoniques, du biologique au spirituel.

On ne *fait* pas mûrir, on *laisse* mûrir. On ne tire pas sur une plante pour la faire pousser. Tout juste faut-il lui fournir (en tout cas ne pas lui enlever) les conditions de son développement propre. Le processus s'accomplit par les seules dispositions de la nature, qui ne sont pas mécaniques, machinales, programmées, mais vitales, c'est-à-dire fantasques, inattendues, et suscitant chaque fois l'avènement d'une singularité. Chez l'humain, le processus devient une histoire, parce que le déploiement vital prend le visage d'une épopée de l'esprit. Et cependant il demeure, comme le mûrissement d'une plante, intérieur et même, secret.

Ce que la plante en floraison réalise dans l'obscurité de ses cellules vitales (et qui suscite pour nous un résultat en forme de surprise), l'enfant l'accomplit dans le mystère, non seulement de son corps biologique, mais de son esprit et de son cœur. Ici comme dans la nature, l'histoire du grandissement est intérieure : mais il s'agit d'un secret silencieux, plein de péripéties et muet, nourri de contemplations.

Non pas que l'enfant soit un philosophe qui manierait des concepts. Et pourtant il est un contemplatif, chasseur de rêves qui sont des pensées pierreuses et fuyantes. Il navigue dans des eaux opaques dont nous ignorons les frontières. Sans cesse il contemple le monde et aussi la manière dont les choses du monde l'affectent et le mobilisent. Ce tumulte si proche du chaos, ce que Bachelard appelle les « gîtes nocturnes » (phrase d'*incipit*), laisse, dans la mémoire vivace de l'adulte, assez peu ou pas du tout de souvenirs descriptibles.

L'enfant recueille doucement les apports du monde extérieur, il ouvre les portes d'une culture pour tenter de s'y inscrire et de l'habiter comme un familier. Il déchiffre en tâtonnant les mystères qu'on lui effeuille et qu'on lui laisse saisir par morceaux. Un adulte me dit un jour qu'à l'âge de cinq ans environ, tombant sur un livre de lecture où il était question, en termes crus, d'un enfant orphelin, il comprit brutalement que les humains sont mortels, et que lui-même mourrait un jour, et de là tomba dans une stupeur terrifiée qui dura la nuit entière, et dont il n'osa parler à personne. Le souvenir de ces heures de songes primordiaux, aussi âpres que brumeux, sur la question la plus fébrile de la vie, l'avait laissé longtemps plein d'angoisse et plongé dans un rêve sans fond. Il dessina un peu plus tard une esquisse qui représentait un très jeune garçon lové étroitement dans un pot de fleurs, comme s'il était tombé au fond d'un puits. Cette esquisse s'appelait *Enfance*. On comprenait que l'inscription dans le monde des humains représente une longue et douloureuse macération, en forme d'enfermement. L'enfant intègre le monde, humain et culturel, en silence et en secret, laissant les mystères se déployer dans son esprit et son cœur. Doucement il s'éveille et prend conscience, à condition toutefois que les éducateurs respectent la sérénité qui est le pays natal de l'enfance – si la guerre est le *vaterland*, la quiétude est le *kinderland*. Il lui faut « apprendre » le monde – mais ce n'est pas là une sorte de leçon de géographie, ou bien un poème à réciter. Il capte tout ce qui passe à sa portée et le contemple d'un regard naïf et fervent. Il n'a ni préjugé ni parti pris, il adopte tout le nouveau et le rumine pour tenter d'en extraire le sens. Il répète indéfiniment les gestes et les mots, afin de se les approprier et de constituer pour lui-même un ordre et un sens au-delà du chaos trouvé en arrivant.

Dans cette paix privée de mots le but de l'enfant n'est que d'apprendre, mais au sens le plus élémentaire : il cherche à s'insérer dans le monde et pour ainsi dire à en faire partie. Aussi accomplit-il les mêmes gestes que l'adulte mais dans un but bien différent. L'adulte marche pour aller d'un lieu à l'autre, mais l'enfant marche pour marcher, de même qu'il ouvre une boîte, effeuille une branche ou enclenche une clé, juste pour essayer, apprivoiser, comprendre et voir, s'habituer au monde. Pendant des années il va seulement s'acclimater. D'où le danger à lui confier trop de charges. C'est un métier que de grandir, auquel il faut se livrer à plein temps. Si l'enfant prend une petite responsabilité, c'est pour apprendre à être responsable, parce qu'on n'apprend jamais que par l'exercice – et non pour mimer l'adulte.

Il est bien probable que l'innocence, autrement dit le premier regard, épargné des pesanteurs de l'expérience qui à la fois éclaire et déflore, permet de regarder le monde avec une acuité tranquille. L'écrivain doit faire des « repérages » pour pouvoir écrire son roman. C'est-à-dire aller regarder la vie ordinaire comme un spectacle, avec des yeux de voyeur. L'enfant regarde la vie ordinaire sans écran : il ne « repère » pas, il entre dans le monde comme Alice entre dans le livre des Merveilles.

L'enfant n'est pas cette *âme habituée* dont parle Péguy. C'est un artiste en commencements. Il faut traduire que chaque détail de la vie lui est merveille. J'ai souvenir de cet enfant qui se tenait debout contre un linteau de mur, 7 ou 8 ans peut-être, dans une attitude d'attention si profonde. Sa mère était en train de recevoir une voisine qui venait rechercher sa fille, et elles se tenaient devant la porte de l'entrée, environnées de plus petits accrochés à leurs jupes. La voisine et la mère causaient et cet enfant restait debout là, un peu en retrait, à regarder, plutôt à contempler. Il était absolument immobile pendant les dix bonnes minutes que cela a duré, les deux femmes parlaient interminablement de choses sans importance et essentielles à l'existence des familles, prenaient des rendez-vous scolaires et racontaient gaiement quelques histoires de tous les jours. Et l'enfant observait cette scène anodine et quotidienne comme si c'eut été une affaire extraordinaire et inconnue de lui, dans une attitude de concentration si profonde qu'aucun muscle de son visage ne bougeait – je me demandais s'il était en train de rêver, et s'était arrêté là par hasard, mais non, car à un moment la voisine se pencha pour rattraper un des bébés qui saisissait un objet défendu, et il accompagna le geste du regard, toujours avec une expression de saisissement grave. L'enfant était pour ainsi dire lové dans le linteau de ce mur, et fut capable de ne pas bouger d'un pouce pendant tout ce temps. Je ne peux pas croire qu'il était prodigieusement intéressé, comme il l'eut été devant une ruche en mouvement ou un animal dressé ou le spectacle d'un prestidigitateur. Non. Il était simplement capté par la profondeur du spectacle de la vie, laquelle représentait encore pour lui (ce qu'elle a cessé d'être pour les adultes) un sujet d'étonnement et d'émerveillement. Je suppose que tous les détails de cette scène si triviale – la jupe large et bleue de sa mère dans laquelle se cachaient les deux petits, la chevelure dorée de la voisine, la porte d'entrée restée large ouverte devant la haie du jardin, lui apparaissaient comme des motifs d'une vie à la fois éloquente et grave – l'enfant admire comme un poète et s'étonne comme un philosophe, car il est les deux à la fois.

La figure de l'enfant devant une scène d'adultes, retenu et pensif, saisissant tout et gardant tout pour lui-même, rappelle en effet celle du poète dans la cité, telle que par exemple Hofmannsthal la décrivait. Le poète, disait-il, ressemble à saint Alexis qui, selon la légende, revenu chez lui après vingt ans d'errance et de pauvreté, vécut des années comme mendiant sous l'escalier en soupente du palais de son père, qui l'avait hébergé sans le reconnaître. À l'écart des conversations signifiantes et des décisions plénipotentiaires, étranger aux choix et aux arbitrages familiaux, il possédait cependant bien plus qu'aucun autre habitant de la maison, une connaissance profonde de l'esprit des lieux – depuis sa soupente, il voyait les querelles et les amours secrètes, il entendait les soupirs et les sanglots cachés, pendant que lui-même était « sans droit, sans devoir si ce n'est de rôder, d'être couché et de peser tout cela en lui-même sur une balance invisible [1] ». Si le poète est aussi bien cette figure négligeable qui cependant voit tout et comprend tout dans le secret du cœur, alors l'enfant est un poète.

1. H. von Hofmannsthal, « Le Poète et l'époque présente », dans *Lettre de Lord Chandos et autres textes*, Paris, Gallimard, 1992, p. 93-94.

La protection et la thébaïde

Si l'enfant est ouvert à la nouveauté, il est aussi constamment livré à la nouveauté comme une proie à un prédateur. Exposé à toutes les manifestations du mal, à tout ce que les adultes ont inventé pour altérer le monde et le pervertir sous prétexte de le rendre plus gai ou plus neuf. Exposé à toutes les inversions du bien qui se prennent pour le bien. À tous les spectacles de la folie. À toutes les étrangetés sans mode d'emploi. Bref, aux scandales de toute sorte – il n'y a pas que le scandale moral : tout ce qui brouille la compréhension et renverse les critères connus ne peut être abandonné sans phrase à l'esprit innocent.

D'où le rôle de la maison. Loin d'être seulement un toit, un abri contre le froid, la maison est un abri devant le monde qui menace davantage que le corps, aussi l'esprit.

L'idéologie postmoderne exige une ouverture de tout à tous les vents, afin de permettre le métissage des idées et des croyances, le mélange porteur de libéralisme et de tolérance. Elle l'exige sans discernement, au point que les enfants devraient aussi accéder à l'« école ouverte » comme exposition au grand large. Quand on mettait à mort l'enfant indésirable, on parlait de l'« exposer ». Car il suffit d'exposer un enfant au monde pour qu'il meure. Au sens prosaïque et purement physique, il suffit de le déposer au milieu de la nature pour que les animaux ou les caprices du vent et de la pluie aient raison de lui. Mais au sens affectif, spirituel et symbolique, il suffit de déposer un enfant seul au milieu d'une société d'adultes pour que les violences, les cruautés, les excès, aient raison de lui. C'est pourquoi l'« école ouverte » est la marotte et la fanfaronnade d'une élite à l'esprit perverti. L'école doit être fermée, comme la maison familiale, ce qui ne veut pas dire incapable de laisser entrer l'inconnu, mais susceptible de filtrer l'inconnu et de le traduire. Hannah Arendt disait que l'école et l'éducation ne peuvent être que conservatrices, puisque par définition transmettre consiste à désigner le monde dans lequel nous vivons [1]. Il faut y ajouter que la maison et l'école, mais essentiellement l'éducation familiale, ont pour vocation de garantir à l'enfant

1. H. Arendt, *La Crise de la culture*, p. 239-246.

les conditions de sa contemplation du monde : le calme et la sérénité dans un milieu chaud et préservé. On met les jeunes pousses dans le clos d'une serre avant de les planter en pleine nature. L'espace privé joue le rôle de cette serre où l'on peut grandir sans risquer à chaque pas de trébucher ou mourir. C'est sans doute pourquoi les enfants sont les premiers à défendre bec et ongles l'espace privé de la maison, et repoussent avec ardeur celui qui voudrait s'y incruster sans raison. Les enfants de célébrités vivent dans le désarroi de devoir partager leur table et leurs parents avec des foules de parasites dont ils ignorent le nom et dont ils savent qu'ils ne viennent que pour piller. Leur détresse devant l'abolition de leur intimité s'accroît d'autant plus quand ils comprennent que leurs parents ne font pas la différence entre la vie privée et la vie publique. Un adulte peut à la limite, par une détérioration malsaine de son rapport au monde, confondre des importuns avec des amis ou transformer sa maison en lieu public, mais un enfant ne le peut pas, et si on le lui impose, il en tirera beaucoup de tracas intérieurs et sûrement pas de la gloire, à moins qu'il ne soit frelaté avant l'âge. Il ne le peut pas parce qu'il voit la vérité des situations et des relations humaines et repère ici des mensonges organisés. Il ne le peut pas parce qu'il a besoin que la maison soit un refuge de l'intime où l'on peut grandir dans les relations simples et vraies, au milieu de choses et de gens connus et définis.

La maison est un monde en miniature qui contient toutes les nourritures depuis celles du garde-manger jusqu'à celles de l'âme. Elle est un monde miniature qui acclimate au monde afin que celui-ci ne soit pas reçu en plein visage. L'enfant aime tant tout ce qui peut ressembler à une thébaïde, qu'il s'invente souvent un refuge à l'intérieur même du refuge, sa maison dans la maison. Il s'installe dans un arbre où personne d'autre ne grimpe, ou bien sur un toit accessible et secret ou sur la hauteur d'un placard, là où il peut rester invisible et nourrir ses rêves. Nombre de destins d'enfants sont nés dans ces sanctuaires. Le tumulte est l'ennemi du grandissement.

Maturité

Le processus secret et mystérieux qui mène à la maturité correspond ainsi à un mûrissement dans le silence de l'esprit et du cœur. L'enfant s'approprie les choses et les gestes du monde au cours d'une lente et longue intériorisation. Le rôle joué ici par la répétition est essentiel. Il ne s'agit pas seulement d'« imprimer » dans la mémoire. Mais de prendre la mesure du réel en le toisant et en le sondant. La réalité que nous avons sous les yeux est immense et chatoyante. L'inspecteur de police demande cent fois qu'on lui repasse la photo suspecte. De même l'enfant, inlassablement, regarde et médite, d'un songe lourd où le monde des humains peu à peu se met en place et prend un visage connu. Quand il s'arrête sans cesse sur le chemin, provoquant l'impatience des adultes, il se recueille sur chaque chose du monde et tombe en extase devant elle, il l'intègre à l'ensemble de son univers lacunaire, non pas comme on collectionne en additionnant les éléments les uns contre les autres, mais en constituant un ordre où chaque élément prend sa place. Et cette intériorisation de l'ordre du monde n'est pas non plus une capture de cet ordre en son ensemble, mais une appropriation patiente de chaque élément qu'il faut incorporer au tout, dans un effort toujours lent et silencieux. L'enfant, dans sa méditation, crée un ordre du monde qui, d'une certaine façon, sera le sien propre, autrement dit, il est créateur de sens, et ainsi se façonne une singularité personnelle.

La maturation qui conduit à la maturité et au statut d'adulte, consiste ainsi en une marche vers l'être par appropriation personnelle du monde. Marcher vers l'être signifie ici œuvrer à sa propre individuation – devenir un individu à part entière, capable de contenir le monde en un ordre associé par soi-même.

On aperçoit ici à la fois le mouvement permanent de l'être, et l'acquisition de la réalité comme principe du grandissement.

Il va de soi qu'il n'y aurait pas deux stades distincts, celui de l'enfant et celui de l'adulte, arrêté et immuable l'un et l'autre. Le passage se fait de manière insensible et lente, et bien des traits enfantins persistent toujours dans la figure d'un adulte.

La véritable caractéristique d'un humain, ce n'est pas le stade acquis, mais le grandissement lui-même, la conquête de soi. Et l'individualité d'une personne n'est pas son stade adulte, comme si l'enfance ne représentait rien d'autre qu'un passage obligé et éprouvant pour attendre de devenir enfin un humain. L'individu, c'est ensemble toutes les phases de sa vie, toute la succession de son histoire. Patočka, dans la lignée d'Aristote, utilise l'image de l'églantier :

> Quand pourra-t-on dire de l'églantier qu'il existe pleinement [...]. Lorsqu'il est en fleur, il ne peut pas porter de fruits. Lorsqu'il porte des fruits, il s'épuise, il ne peut ni croître ni fleurir [...] il ne pourra jamais être en acte tout entier en même temps [1].

Nous sommes une histoire en mouvement, et l'enfance fait partie intégrante de cette histoire : elle n'est pas une pré-histoire, un prélude à ce qui pourra advenir d'entier ou de parfait. Elle n'est pas juste une préparation, mais une étape du développement qui possède, comme les autres étapes, sa plénitude, sa beauté et sa magie.

1. J. PATOÈKA, *Aristote, ses devanciers, ses successeurs*, Paris, Vrin, 2011, p. 152-153.

En ce sens, elle représente véritablement le pays natal de l'espérance. Et le moment privilégié capable de faire comprendre ce qu'est l'espérance : non pas l'impatience souffrante et qui comme son nom l'indique, ne veut pas souffrir ; mais la clarté de l'attente pleine de promesses, dont l'indétermination abrite des joies secrètes.

Georges Bernanos l'exprime de manière littéraire quand il déroule derrière lui son existence :

> Certes, ma vie est déjà pleine de morts. Mais le plus mort des morts est le petit garçon que je fus. Et pourtant l'heure venue, c'est lui qui reprendra sa place à la tête de ma vie, rassemblera mes pauvres années jusqu'à la dernière, et comme un jeune chef ses vétérans, ralliant la troupe en désordre entrera le premier dans la Maison du Père[1].

L'image magnifique de cet enfant rassemblant les années, marque à la fois la fécondité de l'enfance et la multiplicité de l'être.

Le temps ne nous fait pas passer exactement d'un stade à l'autre, mais ajoute chaque fois une

1. G. BERNANOS, *Les Grands cimetières sous la lune*, dans *Essais et écrits de combat*, t. I, Paris, Gallimard, 1971, p. 355.

perspective, un point de vue nouveau à notre individualité. Chacun de nous est le même en des temps différents, et le même dans cette pluralité de temps. Nous ne devenons pas « enfin » nous-même à l'âge adulte, pour ensuite perdre peu à peu ce que nous sommes. L'individualité réunit tous les âges de la vie, au sens où je ne cesse jamais vraiment d'être l'enfant que j'ai été, et où je ne puis pas laisser derrière moi une époque de ma vie et puis fermer la porte. En raison de cette multiplicité et de cette ubiquité temporelle, on peut dire que l'individu n'est pas une substance, descriptible et immobile, mais un processus, et davantage, un grandissement. Quand nous le regardons à un instant précis de son existence, il porte sur lui d'une façon ou d'une autre les traces et les cicatrices des moments passés de sa vie. Non pas au sens où l'on transporte avec soi des souvenirs toujours présents. Mais plutôt, au sens où l'entièreté de l'existence présente a été façonnée, traduite, colorée par les expériences passées, qui apparaissent clairement à cet égard comme un berceau ou comme un pays natal. Il est probable que les années d'enfance et d'apprentissage marquent l'existence d'un fer rouge. Mais on ne se défait pas du reste non plus. On ne se défait de rien. Chaque époque de la vie est une face de l'être.

L'acquisition de la maturité – le passage à l'âge adulte –, consiste en un apprentissage de la réalité. Laquelle s'offre aux regards et aux esprits de façon si crue, si évidente, qu'on peut se demander en quoi il faudrait la découvrir. Ce qui est pourtant le cas. Devenir adulte c'est s'éveiller à la réalité, plus loin accepter et assumer la réalité. Ce qui revient à s'en distancer, afin de la regarder en face et aussi de tenter de la maîtriser. L'individualisation comme connaissance du monde est une séparation du monde. Pour l'enfant, le monde est absent, ou plutôt, absent en tant que monde : il a devant les yeux des bribes éparpillées, qui ne forment pas encore un monde. C'est pourquoi il marche au hasard, ou bien poursuit des rêves. L'adulte est celui qui accepte de « s'enraciner dans l'île de la vérité[1] ». Autrement dit : ayant devant les yeux une image du monde à peine surgie du chaos de ses sensations, une image à laquelle il commence à conférer un ordre et un sens, il l'accepte comme telle. On croira que c'est une évidence. Pas du tout. La société déborde d'individualités qui sont restées enfantines, soit par refus de regarder la réalité en face, soit parce que, préalablement, leurs éducateurs ont construit pour eux un monde idéal dont ils ne se sont

1. A. PHILONENKO, *La Théorie kantienne de l'histoire*, p. 50.

jamais séparés. Nombre d'adultes sont restés des enfants parce qu'ils n'ont pas appris à prendre en compte la réalité. Parfois elle les rattrape, bien entendu (elle est partout, par définition !). Dans ce cas, ils érigent des fables pour l'occulter. Certains utilisent toute leur intelligence, parfois très grande, à maquiller le réel.

Je veux dire que l'acquisition de la réalité se fait dans l'enfance ou ne se fait jamais. La fierté d'un éducateur est de façonner des adultes, et non de vieux enfants. Être adulte consiste à nommer les choses telles qu'elles sont. C'est pourquoi une époque idéologique fabrique un peuple-enfant. On pense toujours à la corruption financière ; mais il y a un banditisme intellectuel : camouflage de la vérité, mensonge, esprit tordu ; pour un adulte, tordre la vérité devient immoral. Un adulte resté enfant est sans promesse et sans vérité. Il se prend pour un autre, parce qu'il voit ses propres capacités, ses propres prouesses bien plus grandes que nature. Ou encore, et c'est le cas le plus fréquent dans une société nourrie d'idéologies, il affiche des convictions et des croyances qui présupposent réel ce qui ne l'est pas, et doit par conséquent toujours vivre hors les frontières de son propre discours. Il n'est rien de plus pathétique qu'un adulte resté enfant. Il ne recèle plus les émouvantes beautés de l'enfance; mais privé, comme l'enfant, du sens de la réalité, il possède néanmoins les pouvoirs, les exigences, l'autorité d'un adulte. Alors la dépossession du réel devient toute proche du discours du fou. Celui qui ignore ses propres limites – autrement dit la réalité sur soi-même –, est généralement voué à les déborder au détriment de son entourage. Les anciens donnaient à ces excès le visage d'Abdère, une ville de Thrace dont on disait les habitants frappés par la démesure et le déni du réel. Ces caractéristiques se manifestaient à travers une existence extravagante et saugrenue: Abdère, selon la légende, était une ville où l'on faisait des autodafés, ou les pâturages donnaient la rage aux chevaux, où les affaires se concluaient sans aucun bon sens, où une fièvre chaude transformait les habitants en comédiens qui parcouraient les rues en déclamant, où les grenouilles et les rats avaient chassé les habitants de leurs maisons, etc. L'adjectif *abdéritique*, employé par exemple par Cicéron, traduit le manque de prudence et le projet mal concerté. Cette ville, que Juvénal appelait le *pays des sots*, exhale un délire de folie qui raconte une incapacité de demeurer en contact avec le réel. Kant, à son tour, utilise cette histoire dans *Le Conflit des facultés*, pour décrire une possibilité que la marche de l'histoire ne soit qu'une activité vaine et s'en allant en dépit du bon sens – à la manière shakespearienne *(pleine de bruit et de fureur, racontée par un idiot)*. Il est possible, dit-il, que l'espèce humaine soit tout juste composée d'Abdéritains, car « la niaiserie affairée est le caractère de notre espèce[1] ». Quoi qu'il en soit, la maturité est partout décrite comme une accession – en forme d'élévation –, au pays de la réalité, au détriment, peut-être, du bonheur mais à l'avantage de l'épanouissement de l'être. Et il s'agit moins d'une connaissance que d'une acceptation – moins de l'intelligence que de la volonté. L'adulte n'est pas seulement celui qui se connaît lui-même parce qu'il a compris qui il est, mais surtout, celui qui accepte de reconnaître ses propres limites. Ce qui va l'éloigner de l'excès permanent dont les jeunes gens sont prodigues :

> Ils font tout trop, ils aiment trop, ils haïssent trop, et ainsi de suite. Ils croient tout savoir et affirment tout avec assurance : c'est la raison aussi de leur excès en tout. Les injustices qu'ils commettent sont imputables à la démesure, non à la méchanceté[2].

---

1. E. KANT, *Opuscules sur l'histoire*, Paris, Flammarion, 1990, p. 207.
2. ARISTOTE, *Rhétorique*, 12, 1389 b 1-5.

Dans l'histoire de *David Copperfield*, Dickens décrit un personnage devant lequel, tout au long des pages, le jeune David se sent toujours affreusement jeune, scandaleusement jeune. Ce personnage est un domestique sévère et raffiné, du nom de Littimer. Sa caractéristique principale est la respectabilité, dont on parle sans cesse. À quoi se reconnaît la respectabilité ? Littimer est impassible. Ses paroles et ses gestes observent toujours la mesure appropriée. On ignore son prénom – signe de sa distinction : on ne pourrait pas envoyer aux galères un homme dont on ignore le prénom ! Quand il se trouve devant le regard paisible et attentif de Littimer, David, qui est un jeune homme, a le sentiment d'avoir huit ans. L'analogie faite ici entre la respectabilité et la maturité, décrit cet espace que l'adulte est capable de mettre entre lui et le monde, espace par lequel s'abolissent les excès et s'apprend la sérénité. On respecte celui qui a su ouvrir cet espace, parce que séparé du monde, il est maître de soi.

La maturité serait l'acceptation de ses propres limites, ouvrant la porte à la reconnaissance de la réalité. Et en même temps, une accession au bon sens – ce qui manquait tant aux Abdéritains. Il est bien probable qu'accepter ses propres limites permet de mieux accepter celles du monde en général, qui se révèlent à l'adulte comme déception et chagrin. L'enfant demeure dans le principe de plaisir, et ne comprend pas de ne pouvoir obtenir l'objet de ses caprices. Kant décrit les Lumières comme l'arrivée de l'homme à l'âge de la maturité, autrement dit, dès lors capable de se dégager de sa particularité pour aller à l'universel. La maturité est sortie de soi, et dès lors responsabilité du monde. Dans *Un capitaine de quinze ans*, Jules Verne raconte l'histoire du « jeune novice », à peine plus qu'un mousse, qui par la suite de circonstances tragiques devient capitaine du navire. On voit l'enfant qui devient adulte par le poids de la responsabilité assumée. Être adulte, c'est être capable de répondre de soi et des autres. Ainsi bien des adultes biologiques demeurent-ils, par narcissisme et donc par irresponsabilité, des enfants.

Conclusion

On déduira de tout cela que l'éducation est une activité sans modèle aucun, sans recette ni conseil possible. En faire une théorie, c'est aussitôt la dénaturer. L'éducation est une tache sans modèle parce que chaque cas est unique, et il y a bien peu d'impératifs éducatifs que l'on pourrait décréter universellement valables. D'une manière générale, nous éduquons nos enfants au moment où nous n'avons pas encore la connaissance et la compréhension de la manière de procéder. Disons que la tâche de transmission éduque en général davantage l'éducateur que l'éduqué. À ce sujet, personne n'est en mesure de donner des conseils. Tout juste peut-on, après de longues méditations sur la vie, énoncer quelques nécessités qu'on a été bien incapable de mettre en œuvre au moment où il l'aurait fallu.

On ne réussit pas une éducation comme on réussit une sauce ou un tour de prestidigitation, et pourtant il y a là quelques analogies troublantes : le savoir-faire, inimitable, personnel, suffit presqu'à tout. L'éducation est une activité et aussi une œuvre. Mais une œuvre de taille gigantesque. Beaucoup de gens très simples et très incultes y réussissent magnifiquement. Cela devrait réduire la prétention de ceux qui portent aux nues l'intelligence ou les talents. Pour éduquer convenablement il faut des qualités sans prix, que tout le monde peut avoir. Le paradoxe n'est qu'apparent : ces qualités sans prix sont une alchimie mystérieuse, un cocktail de vertus, sans rapport avec les compétences et les statuts référencés dans le grand livre des records.

L'éducation est probablement la seule activité au monde qui ne soit jamais vaine. Celui qui consacre sa vie à un grand dessein, ambitionne le premier rang, transforme le sable en or, conquiert un empire, en viendra forcément dans les jours de difficulté à se murmurer à lui-même : à quoi bon ? Ici rien de tel. Les doutes affreux qui taraudent les affaires humaines, n'y sont pas. C'est une œuvre qui vaut toujours la peine. D'où une sorte de mystère. On trouvera sans arrêt des gens pour nous expliquer, souvent avec de justes arguments, que le premier rang abîme celui qu'il honore, que changer le sable en or n'apporterait pas le bonheur universel, et que les conquérants sont des brigands masqués. Mais personne n'aura le front d'affirmer que la tâche d'éducation serait frappée de vanité.

Voilà par ailleurs une activité qui impose l'humilité, même aux adultes les plus morveux. Car rien n'y est jamais acquis. On y perd la compréhension en même temps qu'on y laisse les forces. Rien là-dedans ne se passe comme on l'attend. Les bonnes et les mauvaises choses déferlent sans prévision. Les miracles et les catastrophes nous dépassent. Je ne connais aucun meilleur remède pour éteindre la fatuité. Et si quelqu'un sermonne ses amis sur la manière d'éduquer, on peut être sûr qu'il n'a pas d'enfant, ou qu'il ne les éduque pas lui-même, qu'il confie cela à un autre dont il doit aussi persifler la manière. Quiconque s'est adonné à cette tâche, se garde par réflexe de jugements hâtifs. Il arrive même que cela lui confère une sagesse vaste et inexplicable, comme s'il avait touché à un monde sans fond.

La profondeur abyssale de l'activité éducative n'est nulle part mieux traduite que chez Péguy, sous la forme d'une œuvre colossale non pas par son ampleur mais par l'énorme épaisseur de son mystère. Dans le long poème consacré à l'espérance, il raconte l'histoire d'un homme – lui-même – qui s'en va donner ses trois enfants malades à la Vierge. Il les livre, de lassitude extrême : il ne sait plus que faire. Il pose là cette grappe d'enfants, par la prière bien sûr, et s'enfuit précipitamment, de crainte qu'on les lui rende. Non pas qu'il se débarrasse. Il n'est pas assez fou pour croire que la prière suffirait à tout. Les puissances d'en haut ne suppléent pas le médecin ni la veille de nuit. Mais il reconnaît son impuissance navrante, et vient abandonner ses dernières certitudes. Ce qui est atteint, c'est la légitimité de son rôle. Si je ne puis empêcher mes enfants de souffrir, alors à quoi bon ? À quoi puis-je bien servir si je ne puis même pas protéger de la mort mes propres enfants ? Il aurait mieux valu que je ne sois jamais père. Voir son propre enfant souffrir, voilà en effet l'impasse majuscule, la seule situation peut-être dans laquelle l'existence peut raisonnablement se regretter elle-même. Ainsi, le poète rend les enfants qu'il ne peut pas empêcher de souffrir ni de mourir : c'est une erreur de m'avoir confié un pareil fardeau. Il dit au Créateur : récupère ton bien, moi je suis décidément incapable, je ne peux même pas sauver ma propre famille. Et à la fois il signe l'espérance dans l'impuissance même. Il ne cesse pas de dire qu'il a fait là une bonne affaire ; et plus encore, une farce. Il a eu une idée de génie : restituer les enfants à leur véritable propriétaire. Par là, il avoue qu'il n'est pas maître de tout ce qu'il façonne. Ses propres œuvres, patiemment tissées, lui échappent. Les enfants sont nos œuvres. Mais ils ne dépendent pas de nous. Singulier artisan qui doit renoncer à la maîtrise de sa création.

La tâche nous dépasse. Il n'y a rien de plus raide. Seuls les vaniteux s'en croient capables. Les situations critiques s'y succèdent. La charge des enfants est trop lourde pour les adultes. Partout on se heurte aux limites : des mondes de ténèbres, des continents entiers pleins de dangers innommés. L'épuisement gagne. L'imagination manque. Le courage manque. La compréhension manque. Le poète décrit précisément ce moment harassé. Ce harassement n'est pas le même que celui qui accompagne n'importe quel insoluble problème. Dans la vie tout peut se résoudre s'il le faut par la manière forte, ou en balançant l'avenir par-dessus l'épaule. On peut toujours dire : tant pis. Sauf ici.

Il reste que la variété et l'imagination ne sont pas la règle pour contribuer au grandissement d'un enfant. La nature même de l'enfant désigne ce dont il a, a priori, besoin. Son élan réclame un appui. Son mouvement incessant revendique une stabilité. Son incertitude cherche des certitudes où se reposer.

Parce que tous ses états sont éminemment provisoires, l'enfance, beaucoup plus que l'économie (durable), exige de s'inscrire dans le durable.

Le grandissement est une aventure au sens d'un projet incertain et risqué, et au sens d'une œuvre à accomplir, proche de l'œuvre d'art, c'est-à-dire espérant son achèvement. Une affaire pleine de hasards et de forces impénétrables auxquelles il faut s'abandonner. Une entreprise aléatoire où la chance joue un rôle majeur, et pourtant essentielle et ne souffrant pas l'à-quoi-bon, ce qui est parfaitement contradictoire. Tous les périls extraordinaires qui escortent le grandissement, afférents à la difficulté de la tâche éducative autant qu'à la multitude de facteurs inconnus, en font une aventure de haut risque, en même temps qu'elle est capitale. Les parents sont typiquement des aventuriers, qui évoluent dans une mer de nuages et croient en leur bonne étoile – leur bonne étoile, c'est l'amour. On sait que l'amour, outre qu'il n'est pas toujours bien utilisé, ne peut aplanir tous les chemins. Pourtant c'est bien lui qui confère ici cette « sécurité de somnambule, avec laquelle l'aventurier conduit sa vie [1] ».

---

1. G. SIMMEL, *La Philosophie de l'aventure*, Paris, L'Arche, 2002, p. 79.

Il n'existe pas de recette pour répondre à ces ténèbres angoissantes qui font d'une œuvre cruciale un terrain si aléatoire. Cependant, il est possible d'aplanir les chemins en prêtant à l'aventure le plus possible les conditions de sa réussite. Et la première condition de réussite d'un projet tourmenté, complexe, improbable, est de l'asseoir au moins dans un milieu ferme et solide. C'est pour cette raison que la famille stable constitue le meilleur contexte de l'enfance. Et quel que soit le déluge d'apologies et de glorifications de la famille instable, décomposée et recomposée, vagabonde et défaite, il ne faut pas craindre d'affirmer que l'enfant pour grandir a besoin, autant qu'il est possible, de la stabilité du couple parental. C'est dans cet ancrage solide qu'il enracine l'aventure mouvementée de son grandissement, et lui donne un sens. Édifier un enfant réclame instamment un point fixe, parce que justement le grandissement est sans aucun point fixe. De même un alpiniste, s'il veut aller au bout de la difficulté et du risque, doit assurer sa corde avec vigilance. Ce qui est simple sécurité pour l'alpiniste, est spiritualité chez l'éducateur. Procurer à l'enfant le point fixe dont il a besoin pour son aventure, ce n'est pas pour l'éducateur affaire d'intelligence, ni de religion : c'est une affaire spirituelle, si l'on veut bien définir la spiritualité comme le bon sens des choses de l'âme.

Dès qu'il y a un enfant dans le navire, la glorification de l'inconstance est un scandale.

Quand les éducateurs sont enfermés dans le présent, ils ne peuvent éduquer vraiment. L'œuvre d'éducation est inscrite dans le temps, parce qu'elle répond à une promesse. Un enfant ne peut grandir que si les adultes qui répondent de lui savent ce que signifient les verbes constituer, construire, édifier, élaborer, instaurer, instituer, toutes actions qui se déroulent dans le temps long et n'obéissent pas au plaisir de l'instant. L'éducation – pas plus d'ailleurs que la politique – ne peut exister dans le seul présent, parce qu'elle concerne l'être entier dans le temps. Ce qui signifie que l'enfant doit être considéré non pas seulement tel qu'il est à l'instant « t », mais tel qu'il est avec sa promesse, empli de son attente encore indéterminée. Chaque enfant avance dans la vie habité par sa promesse, qui se nourrit de toutes les valeurs inscrites dans le temps : la fidélité, la patience et la responsabilité. L'enfant grandit dans la stabilité, parce qu'il est un personnage d'aventure.

Table des matières

Composition : Le vent se lève...

Achevé d'imprimer par Corlet, Imprimeur, S.A. - 14110 Condé-sur-Noireau
N° d'Imprimeur : 188711 - Dépôt légal : avril 2017 - *Imprimé en France*